MONI PFAFF-KERN · MAREIKE REICHELT

BLOB PAINTING

FASZINIERENDE
FARBKLECKSE IN 3D

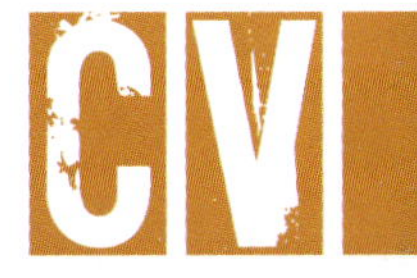

Inhaltsverzeichnis

Vorwort 3
Let's blob! 4

GRUNDANLEITUNG 6
Blobs auftragen 6
Bildaufbau 6
Hilfsmittel 7
Pannenhilfe 7

VERZIEREN 8
Blobs verzieren 8

VERSIEGELN 9
Resin 9

BLOB-FARBE SELBST MISCHEN 10

BILDER AUF KEILRAHMEN 12
Bunte Punkte 13
Qualle 16
Triptychon 18
Pouring-Grundlagen 20
Monochrome Blobs 22
Grundfarbenstreifen 24
Tänzerin 26
Neonaugen 28
Bunter Schmetterling 30
Spielen mit Mustern, Glitter und Effekten 31

DEKO UND OBJEKTE 32
Stiftebox 33
Spiegel 34
Sammelmappe 35
Tischlampe 36
Wandgecko 38
Umhängetasche 40
Windlichter 42
Tablett 43
Wackelschwein 44
Wanduhr 46
Faltschachteln 47
Holzhaus 48
Türschilder 50
Tempobehälter 52
Buchstaben 53
Pinnboard 54
Blob-Fische 56
Bunte Schachteln 57

VORLAGEN 58
Vorlagen Übertragen 58

Impressum 64

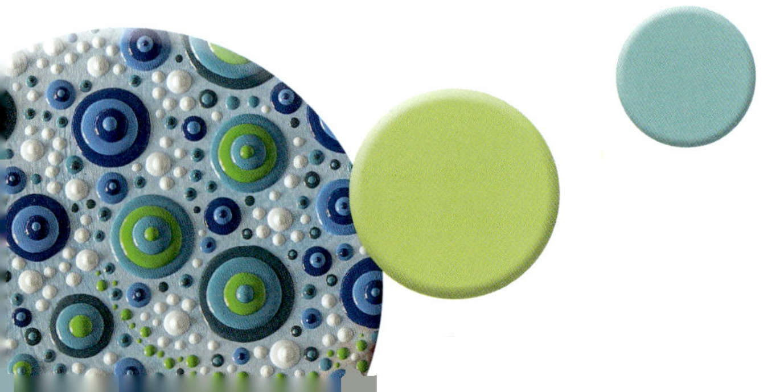

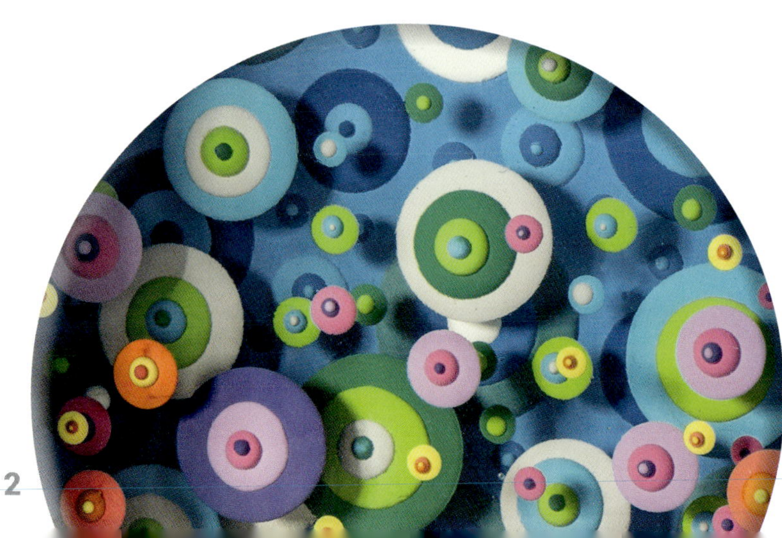

Vorwort

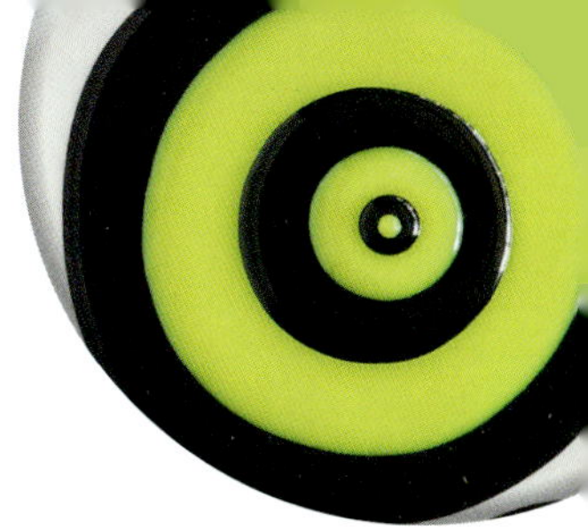

Blob Painting ist eine neue Maltechnik, mit welcher sich ganz einfach fröhliche Bilder mit effektvollen 3-D-Effekten kreieren lassen. Sowohl erfahrene Künstler als auch Anfänger begeistert diese neue Technik gleichermaßen. Dazu sind der Fantasie kaum Grenzen gesetzt – ob in einer oder mehreren Schichten, als Einzelpunkte oder als große Fläche – Blob für Blob entsteht ein beeindruckendes Kunstwerk.

Wir zeigen in diesem Buch, wie die verschiedenen Bilder aus einzelnen Blobs aufgebaut werden können und welche Möglichkeiten du neben der Gestaltung von Keilrahmen noch hast. Zudem erfährst du, wie sich mit einem Trick auch runde, dreidimensionale Objekte mit Blobs verzieren lassen. Anschließend werden wir die Blobs noch weiter verzieren und mit anderen Techniken kombinieren.

Dabei kannst du mit fertigen Blob-Farben arbeiten, es wird dir aber auch anschaulich gezeigt, wie du dir deine Blob-Farben selbst anmischen kannst. Das ist zwar mit etwas mehr Aufwand verbunden, dafür ist in deiner Farbpalette anschließend jeder Farbton möglich. Doch auch die fertig zu kaufenden Blob-Farben sind untereinander mischbar und passen sich damit jeder deiner Ideen an.

Diese Technik ist jedoch nichts für Eilige – dein Bild entsteht über mehrere Tage, die genaue Arbeitsweise lässt dir Zeit zum Nachdenken, zum Zu-dir-selbst-Finden. Entschleunigung pur. Dazu macht die Technik einfach Spaß und hat definitiv kreatives Suchtpotenzial. Diese Kombination und die verschiedenen Gestaltungsmöglichkeiten sind der Grund dafür, dass Jung und Alt, Künstler und Anfänger dieser Technik gleichermaßen verfallen.

Wenn nun auch deine Neugierde geweckt ist: Ran an die Flaschen und losgeblobt!

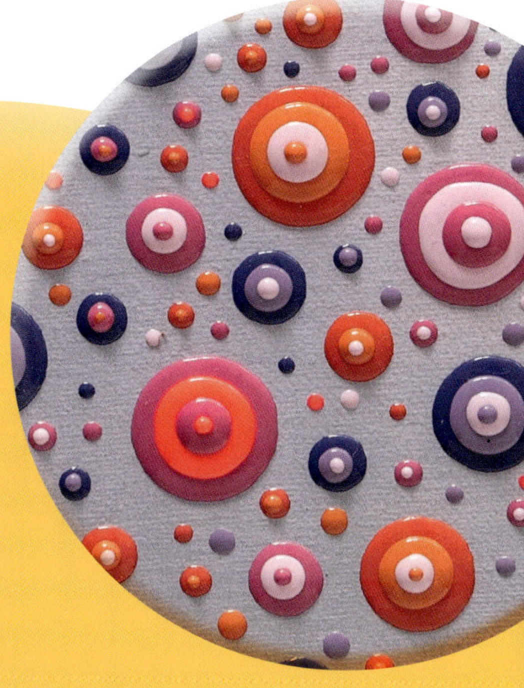

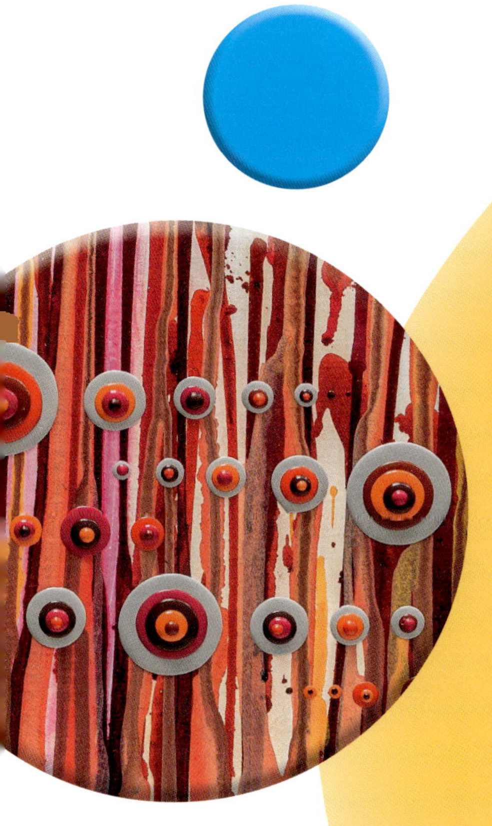

Let's blob!

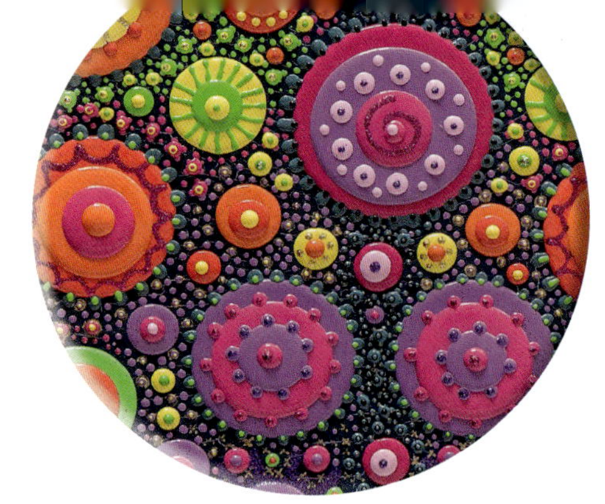

WAS IST BLOB PAINTING?

Diese relativ junge Acryltechnik geht in ihren Ursprüngen auf den kanadischen Künstler Mike Hammer zurück und spiegelt die Farbigkeit und Lebensfreude der Flower-Power-Generation der 1960er- und 1970er-Jahre wider. Beim Blob Painting kommen Acrylfarben zum Einsatz, die so aufbereitet sind, dass ihre elastische, aber dennoch stabile Konsistenz eine vollkommen glatte Oberfläche bildet. Damit entstehen perfekte, kreisrunde Farbkleckse, die in mehreren Lagen dreidimensional aufeinandergeschichtet werden. Im Vordergrund dieser farbenfrohen Technik steht dabei nicht die Perfektion, sondern der Spaß am experimentellen, mediativen Gestalten. Da die Trocknungszeit der Farben zwischen den einzelnen Lagen 24 Stunden beträgt, bauen sich die Kunstwerke langsam Schicht für Schicht auf.

FARBEN

Im Handel sind bereits fertig angemischte Blob-Farben erhältlich, die direkt aus der Flasche auf den gewünschten Maluntergrund aufgetragen werden. Sie kommen bei nahe-zu allen Modellen in diesem Buch zum Einsatz. Diese sofort gebrauchsfähigen Blob-Farben sind sehr ergiebig.
Eine kleine Flasche (90 ml) reicht für etwa 90 Blobs, eine große (280 ml) für rund 280 Kreise – bei einem Blob-Durchmesser von etwa 2 cm.

Achtung!
Vor Gebrauch sollte die Blob-Farbe gut aufgeschüttelt werden. Danach die Flasche kurz stehen lassen, damit sich eventuell entstandene Luftblasen wieder auflösen. Die Flaschenspitze vor jedem Gebrauch kurz abwischen. Hängen alte Farbreste an der Spitze, kann kein schöner Blob entstehen.

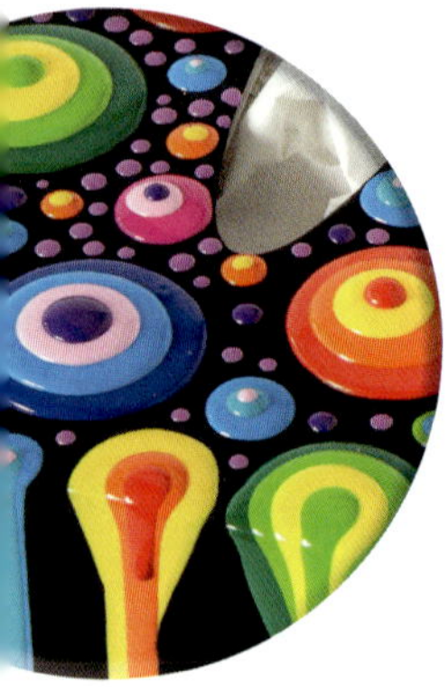

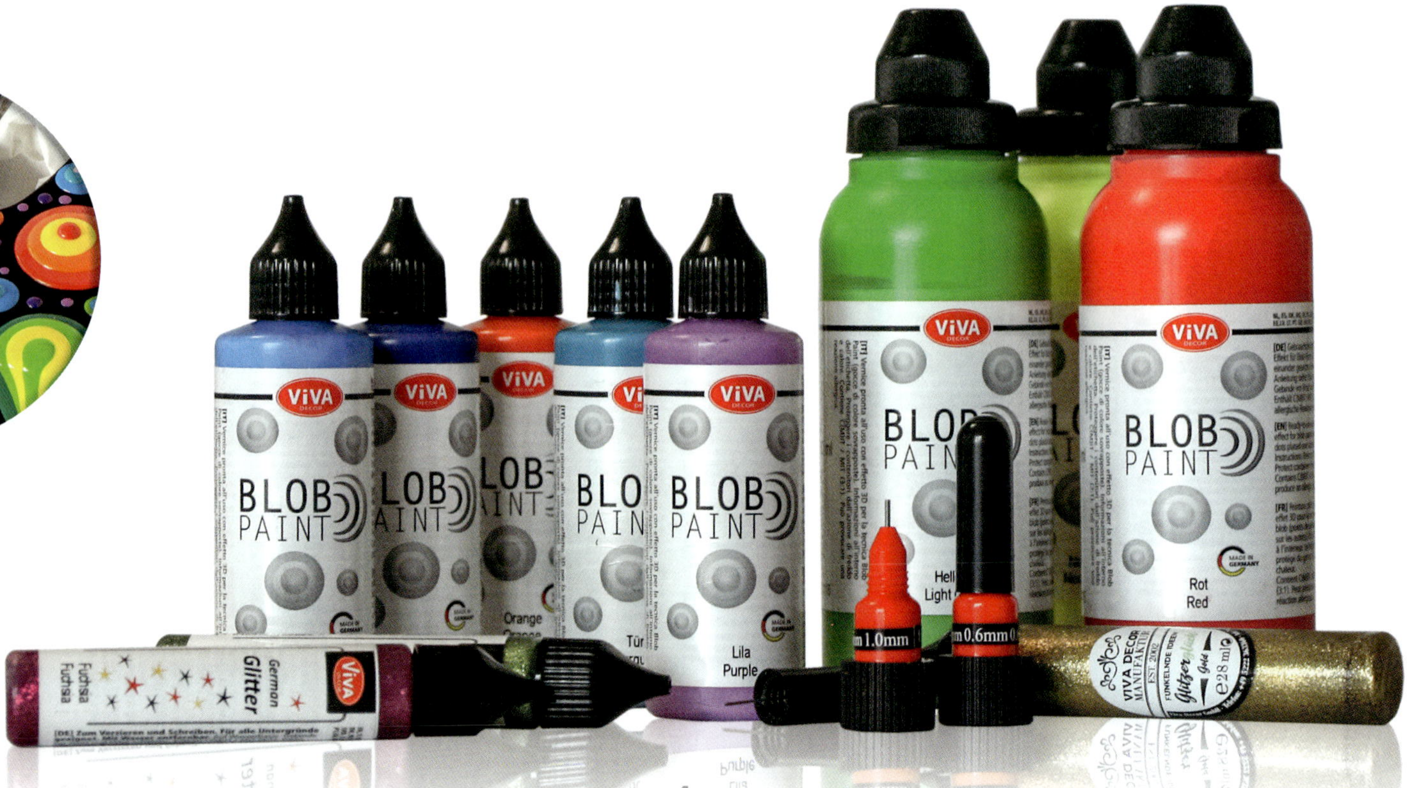

TIPP
Die Blob-Farben sind untereinander mischbar. Dazu immer zuerst die hellere Farbe in ein separates Mischgefäß füllen und die dunklere Farbe tropfenweise unterrühren, bis der gewünschte Farbton erreicht ist.

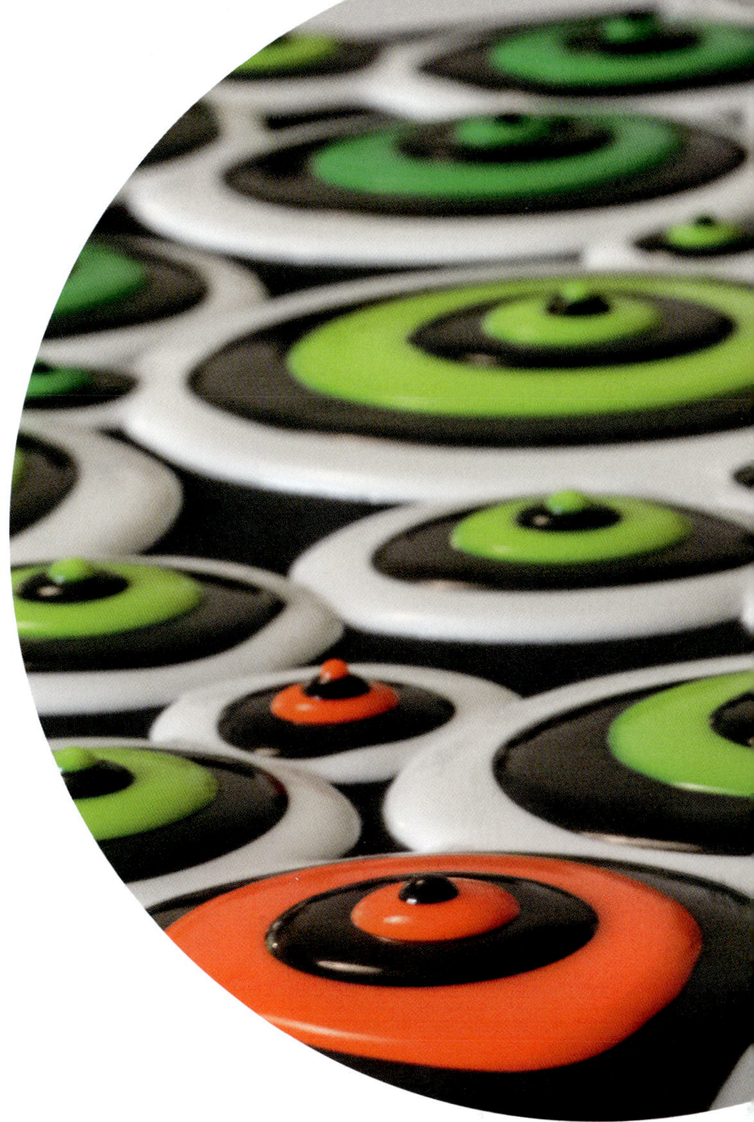

Wer mehr Zeit und Geduld hat, kann sich Blob-Farben aus Acryfarben, Klarlack auf Wasserbasis und Vinylkleber auch selbst anmischen. Wie es geht, erfährst du auf Seite 10.

UNTERGRÜNDE

Der klassische Untergrund für dein Blob-Kunstwerk ist der Keilrahmen. Keilrahmen gibt es im Hobby- und Künstlerfachhandel in verschiedensten Größen und Ausführungen zu kaufen. In der Regel sind sie bereits mit Gewebe bespannt, sodass du sofort loslegen kannst. Es gibt jedoch auch die Möglichkeit, Keilrahmenleisten zu erwerben und diese selbst zu bespannen, etwa um sich ein bestimmtes Wunschformat zu erfüllen. In jedem Fall jedoch solltest du beim Kauf eines Keilrahmens auf gute Qualität achten. Es gibt nichts Ärgerlicheres als ein fertiges Kunstwerk, bei dem sich der Rahmen aufgrund ungenügender Materialqualität schon nach kurzer Zeit verzieht.

Wir empfehlen, jede Art von Leinwand vor der Gestaltung noch einmal mit weißer Acrylfarbe zu grundieren. Denn: je glatter der Untergrund, umso gleichmäßiger rund gelingen deine Blobs. Diese Faustregel gilt auch für alle anderen Untergründe, denn prinzipiell lässt sich nahezu jede Oberfläche mit Blobs verzieren, solange sie glatt und nicht saugfähig ist. Saugfähige Untergründe müssen vor der Gestaltung lackiert werden, Holzbretter sind sauber abzuschleifen.

Neben klassischen Keilrahmenbildern mit und ohne Motiven haben wir in diesem Buch eine breite Palette an Gestaltungsmöglichkeiten aus dem Dekobereich für drinnen und draußen zusammengestellt, um möglichst viele unterschiedliche Anwendungsmöglichkeiten aufzuzeigen. Doch natürlich sind eurer Fantasie keine Grenzen gesetzt.

Alles blobt – Dinge, die du vielleicht schon zu Hause hast und die einen neuen „Anstrich" vertragen, oder Gegenstände, die du im Baumarkt, auf dem Flohmarkt oder im Bastelfachhandel findest.

ARBEITSPLATZ

Da die einzelnen Farbschichten lange trocknen müssen, empfiehlt sich ein ruhiger, staubfreier und gut durchlüfteter Arbeitsraum, in dem du deine Arbeiten auch mal über einen längeren Zeitraum liegen lassen kannst, ohne dass sie Schaden nehmen. Die Blobs sind, sowohl im feuchten als auch im trockenen Zustand, sehr druckempfindlich. Daher ist größte Sorgfalt angesagt, sollten die Objekte zwischendurch bewegt werden müssen. Auch ein Abdecken der Objekte ist zu vermeiden, da bereits das geringste Gewicht auf der noch feuchten Farbe ausreicht, um unschöne Muster oder Dellen in die glatte Oberfläche zu drücken.

Um den Arbeitsplatz zu schützen, wird dieser mit Zeitungspapier oder Malerfolie abgedeckt. Auch entsprechende Schutzkleidung ist von Vorteil. Da es sich um Acrylfarbe handelt, lässt sie sich nur schwer aus Textilien entfernen.

Grundanleitung

BLOBS AUFTRAGEN

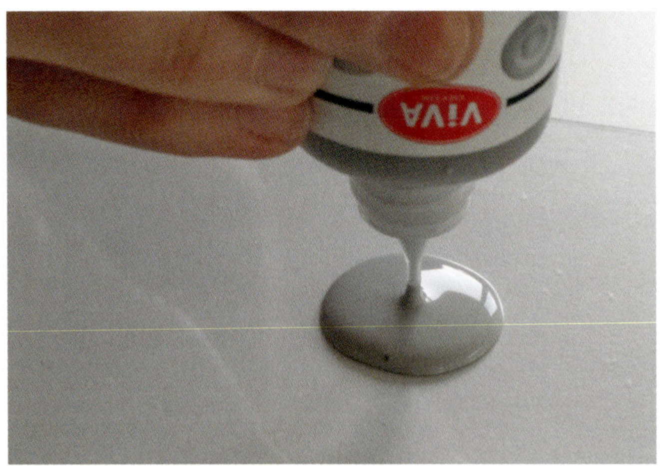

Die Flasche senkrecht und mit wenigen Millimetern Abstand über der Oberfläche halten. So lange Farbe aus der Flasche drücken, bis die gewünschte Blob-Größe erreicht ist. Aber Achtung: Größere Blobs laufen bis zu 5 mm nach! Vor dem ersten Bild lieber ein paar Versuche auf Karton machen.

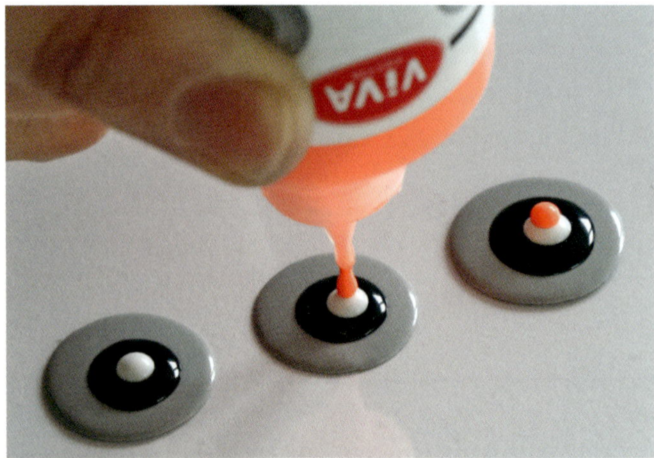

Die Farbschicht muss bis zum erneuten Farbauftrag, also bis zum Auftrag des nächsten Blobs, etwa 24 Stunden trocknen. Erst dann weitere, kleinere Blobs mittig auf die großen Blobs setzen. Vor jeder neuen Schicht erneut trocknen lassen.

BILDAUFBAU

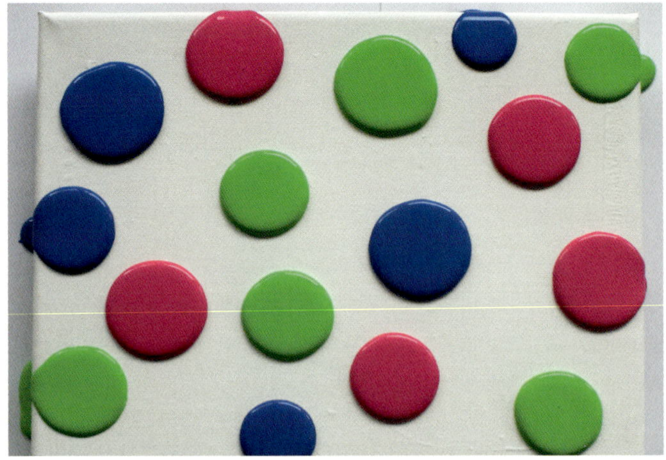

Beim Aufbau eines Blob-Bildes ist es hilfreich, zuerst mit den großen Blobs zu beginnen. Diese mit ausreichend Abstand zueinander auf der Bildfläche platzieren.

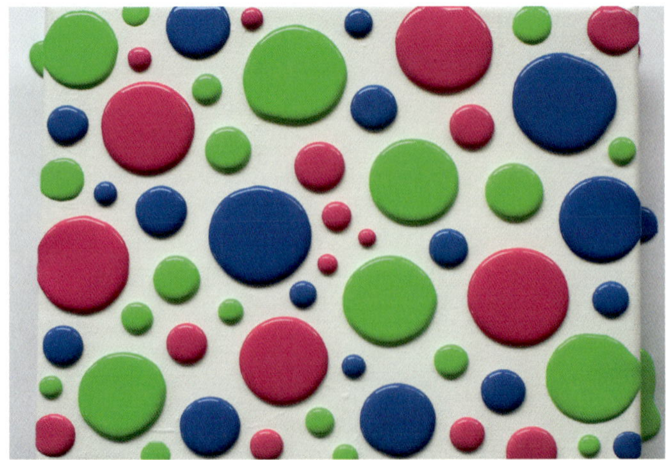

Erst wenn diese auf der zu gestaltenden Fläche verteilt sind, kleinere Blobs dazwischensetzen. Es ist hilfreich, das Bild zwischendurch immer wieder mit Abstand zu betrachten, um Lücken zu schließen und die wechselnde Anordnung der Farben zu bestimmen.

HILFSMITTEL

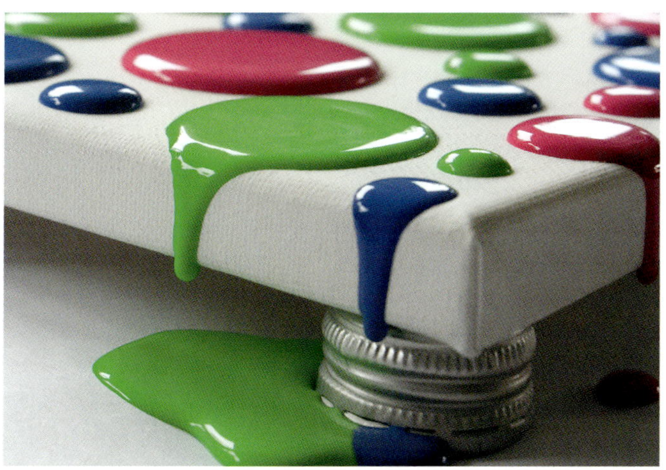

Abstandshalter/Füßchen: Im Arbeitsprozess werden immer wieder Abstandshalter bzw. Füßchen benötigt, um das Werkstück mit etwas Abstand zur Arbeitsfläche zu positionieren. Das ist dann wichtig, wenn Farbe oder Resin (siehe Seite 9) über den Rand ablaufen soll. Bewährt haben sich hierfür Deckel von Mineralwasserflaschen. Sie haben eine gute Höhe und flache Werkstücke wie Keilrahmen oder Bretter etc. liegen stabil auf, ohne zu wackeln.

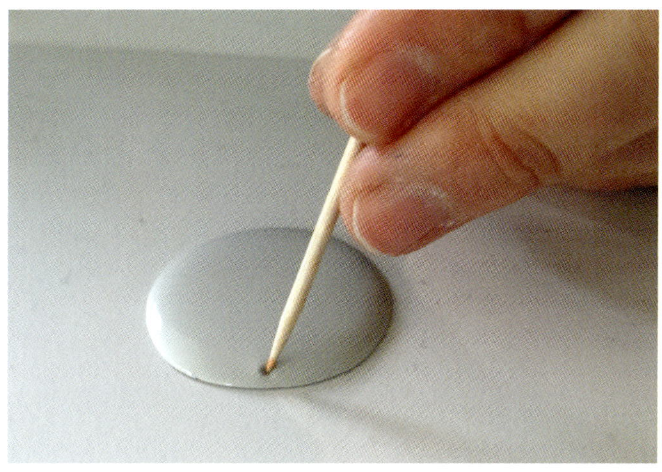

Zahnstocher: Diese werden benötigt, um im Blob eventuell vorhandene Blasen aufzustechen.

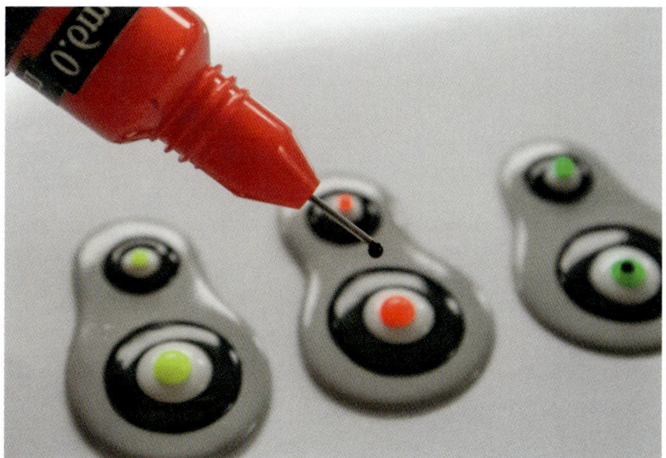

Feindüse: Besonders kleine Blobs gelingen am besten mithilfe einer Feindüse. Diese ist im Handel allgemein für Farben und in verschiedenen Durchmessern erhältlich. (Falls gleichzeitig auch der Glitter „Glitzerglück" von Viva Decor zum Einsatz kommt: Dieser wird mit 0,6-mm- und 1-mm-Feindüsen ausgeliefert, die auch auf die Blob-Flaschen passen.) Wird die Düse nach Benutzung gesäubert, kann sie für andere Farben weiterverwendet werden.

PANNENHILFE

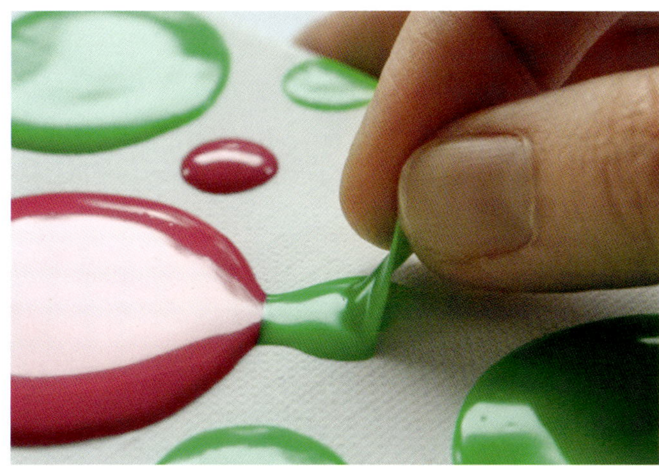

Sollten Blobs ungewollt ineinander- oder übereinanderlaufen: Von vielen Untergründen lässt sich die Farbe nach der vollständigen Trocknung abziehen, vor allem, wenn der Untergrund zuvor lackiert oder grundiert wurde. Allerdings ist dies oft gar nicht nötig – zwei zusammengelaufene Blobs in der untersten Schicht fallen später im Gesamtbild nicht auf. (Nicht mehr abziehen lässt sich die Farbe von Lackkarton und Pouring-Untergründen – diese lösen sich mit ab).

Verzieren

BLOBS VERZIEREN

Interessante Varianten und Effekte lassen sich mit Glitter erzielen oder mit feinen Mustern, die entweder mit Blob-Farbe oder mit Metallic-Stiften auf die Blobs aufgetragen werden. Und so wird's gemacht:

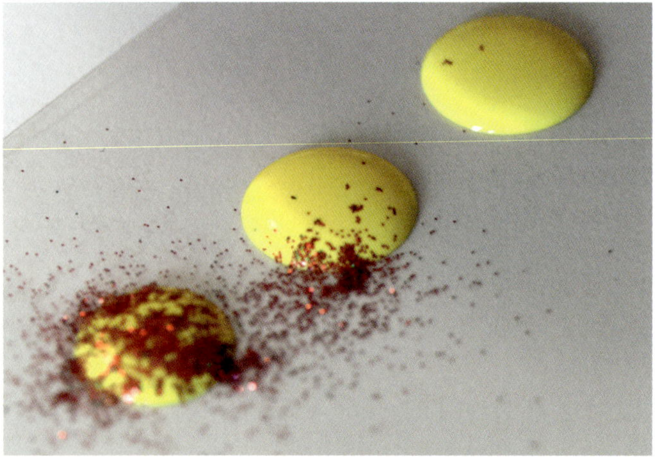

Streuglitter: Er wird direkt auf die noch nasse Bloboberfläche gestreut. Nach dem Trocknen den neben den Blob gefallenen Glitter abblasen oder mit einem weichen Pinsel vorsichtig abbürsten.

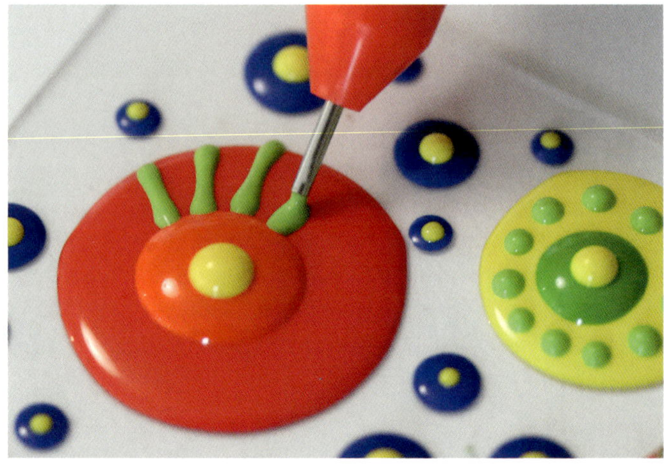

Feine Linien: Mithilfe einer Feindüse kann Blob-Farbe nach dem vollständigen Trocknen des Blobs in feinen Linien oder Punkten auf den Blob aufgebracht werden.

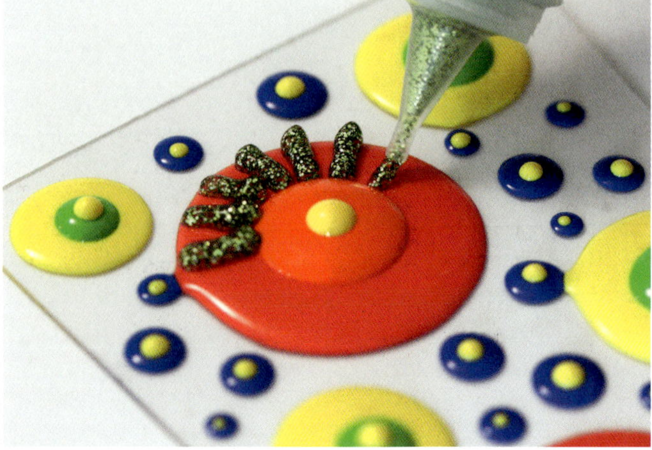

Glitterpen: Damit lassen sich die getrockneten Blobs mit Punkten, Linien oder Spiralen verzieren – alles ist möglich.

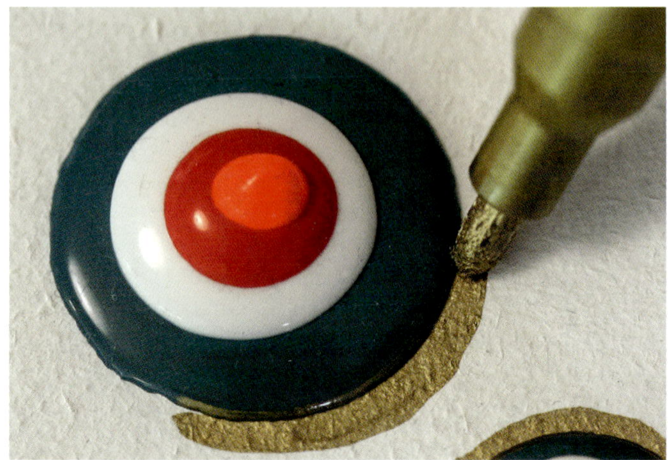

Metallic-Stifte: Sehr edel wirkt es, wenn der Blob nach dem Trocknen mit einem Metallic-Liner umrahmt wird. Diese gibt es in unterschiedlichen Stärken von 0,8 mm bis XL.

Versiegeln

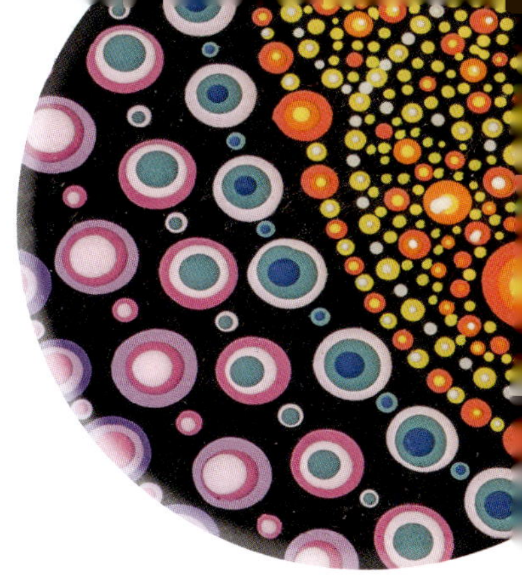

RESIN

Hierbei handelt es sich um ein zweikomponentiges Epoxid-Gießharz, das deine gestalteten Objekte widerstandsfähiger oder gar wetterfest macht.

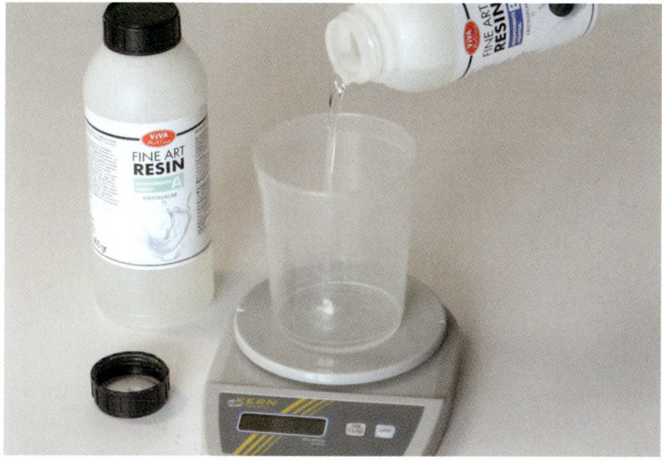

Für die Anwendung werden Harz und Härter im Verhältnis 2 : 1 gemischt, zum Beispiel in einem großen Joghurtbecher.

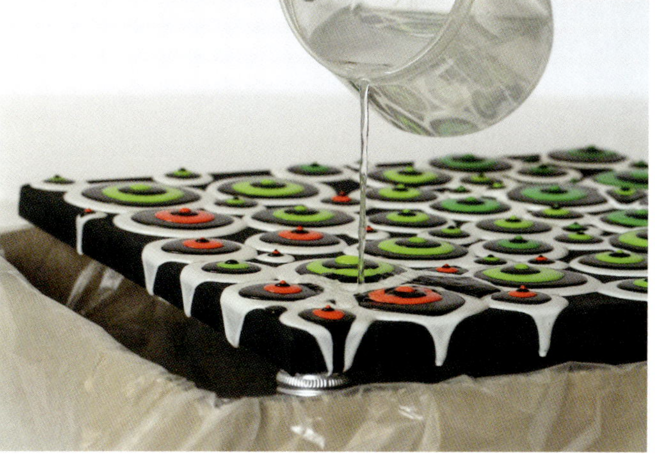

Diese Mischung vorsichtig und gleichmäßig über das Objekt gießen. Die Oberfläche sofort mit einem Flambierbrenner bearbeiten, damit Luftbläschen platzen.

Achtung!
Beim Übergießen von Objekten (z. B. Wandgecko auf Seite 38) den Untergrund großflächig mit Folie abgedecken, um ablaufendes Resin aufzufangen.

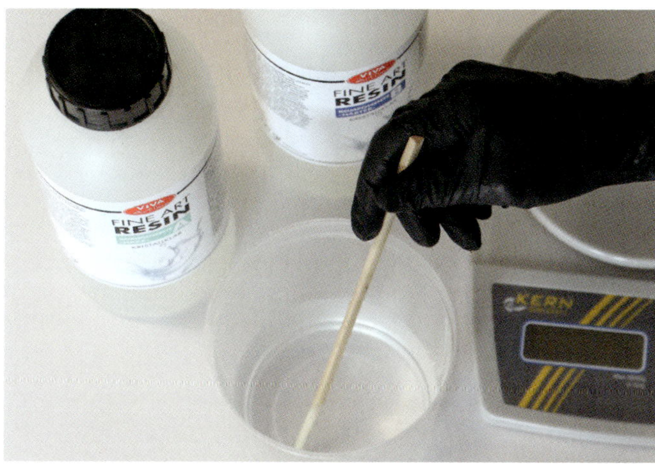

Anschließend mit einem Stäbchen so lange verrühren, bis die Mischung glasklar ist.

TIPP
Beim Arbeiten mit Resin unbedingt Gummihandschuhe tragen und auf einen gut durchlüfteten Raum achten. Wir empfehlen, die Herstellerangaben genau durchzulesen. Nach unseren Erfahrungen lassen sich die klarsten Ergebnisse bei einer konstanten Umgebungstemperatur über 23 °C erzielen.

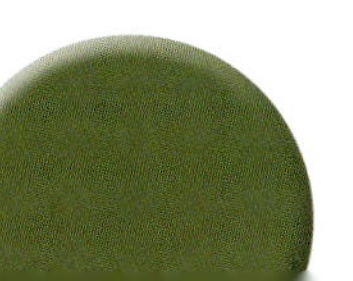

Blob - Farbe selbst

Blob-Farben gibt es nicht nur fertig zu kaufen, sie lassen sich mit etwas Fingerspitzengefühl auch selbst anmischen. Die Grundsubstanz besteht aus Acrylfarbe, Bastelkleber (PVA- oder Weißleim) und Pouring-Medium. Allerdings bedarf es etwas Geduld und Experimentierfreude, bis die optimale Konsistenz für glatte, glänzende Farben mit entsprechender Oberflächenspannung erreicht ist. Ihre Elastizität und die nötige Spannkraft erhält die Farbe durch den Bastelkleber und das Pouring-Medium.

Du findest hier die Anleitung, mit der wir die besten Ergebnisse erzielt haben. Das Mischverhältnis hängt hauptsächlich von der Konsistenz der Acrylfarbe ab, in unserem Fall war das Mischverhältnis 1 : 1 : 1 ideal.

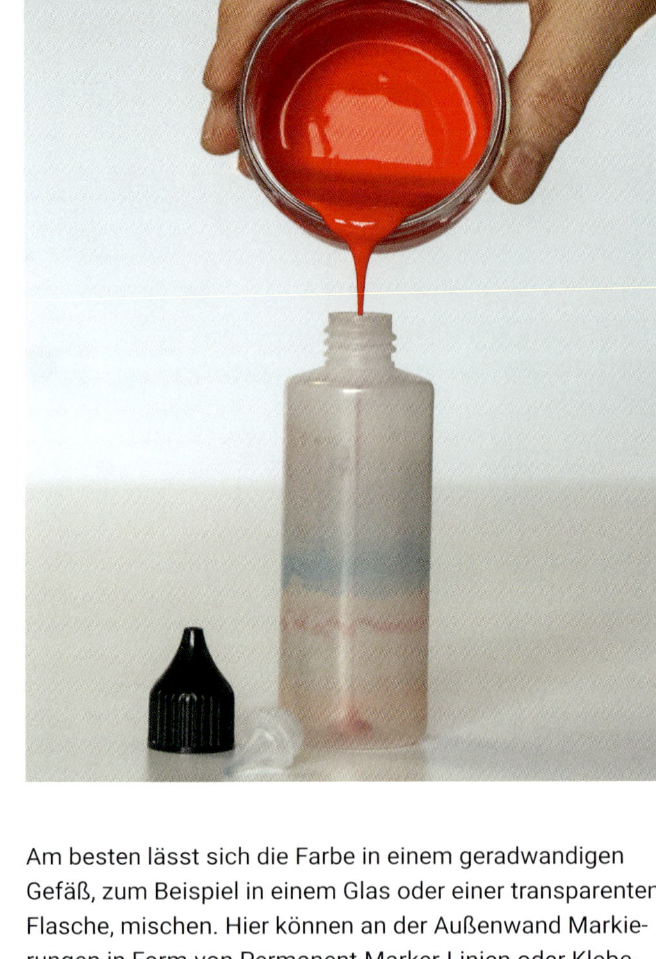

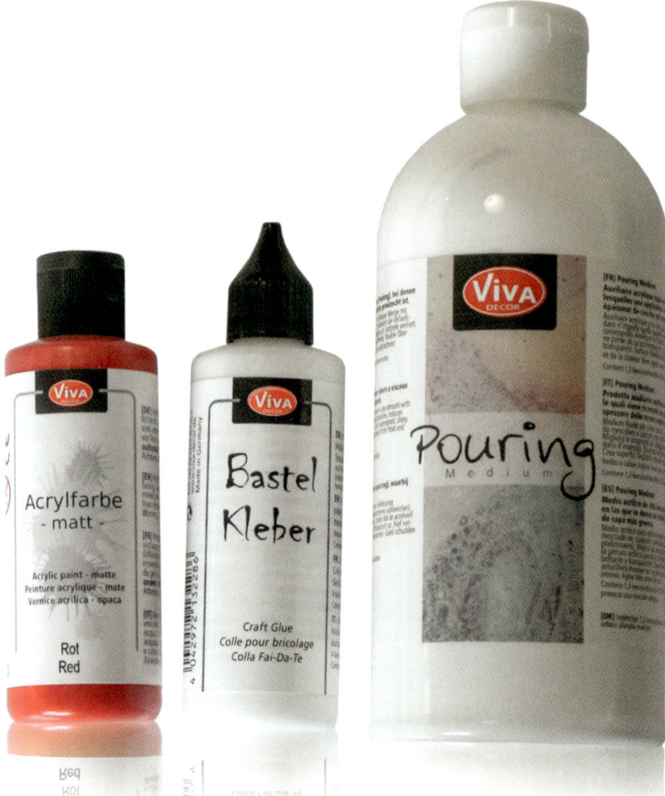

Am besten lässt sich die Farbe in einem geradwandigen Gefäß, zum Beispiel in einem Glas oder einer transparenten Flasche, mischen. Hier können an der Außenwand Markierungen in Form von Permanent-Marker-Linien oder Klebestreifen angebracht werden, bis zu denen das jeweilige „Material" eingefüllt wird.

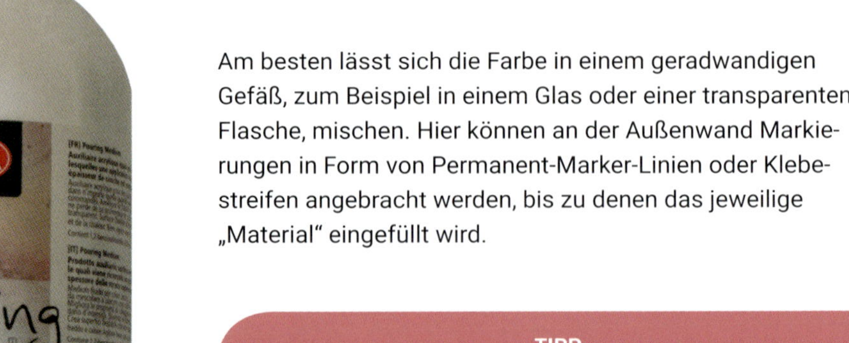

TIPP

Die Farbflaschen werden am besten sofort beschriftet. Es ist hilfreich, wenn auch das Mischverhältnis mit aufgeschrieben wird, für den Fall, dass man noch einmal Farbe nachmischen muss oder weil genau dieser Farbton so gut gefällt.

mischen

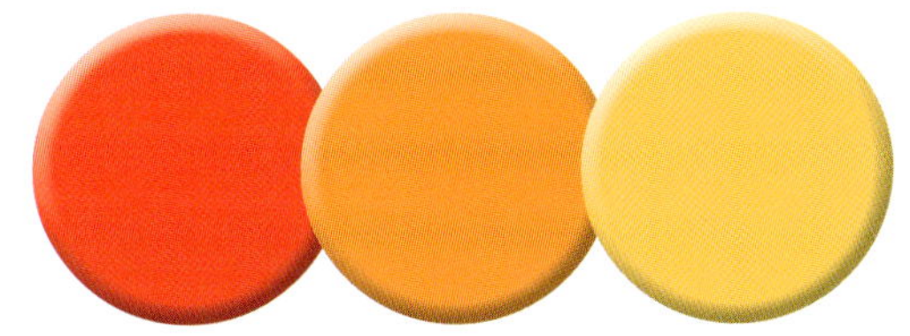

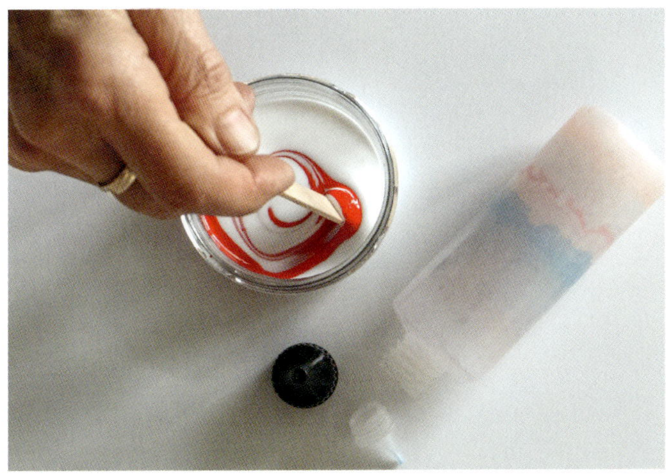

Alle drei Komponenten werden mit einem Holzstäbchen verrührt, bis eine gleichmäßige, schlierenfreie Farbe entsteht. Zum Test: Mit dem Stäbchen etwas Farbe auf Papier tropfen lassen. Der Tropfen sollte nicht flach zerlaufen (= zu dünn, zusätzlich etwas Bastelkleber zufügen) und auch keine Spitze bilden (= zu fest, vorsichtig ein paar Tropfen Wasser zugeben), sondern auch nach ein paar Minuten noch als erhabener Punkt mit schöner, runder Form stehen bleiben.

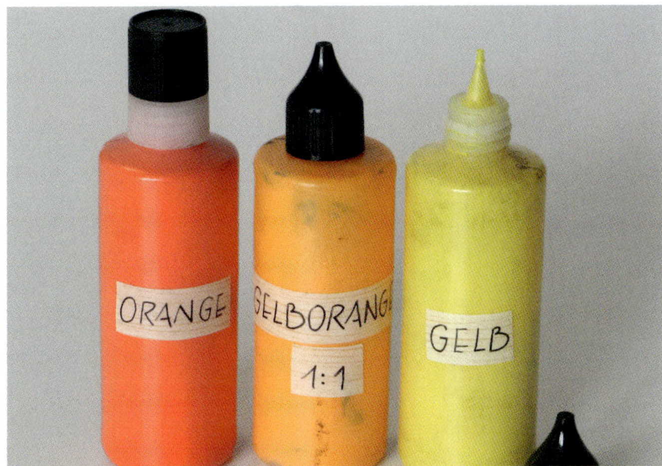

Dieses Farbgemisch in eine leere Quetschflasche füllen und die Dosierspitze auf die Flasche stecken. Die Flasche mehrmals leicht auf die Arbeitsplatte stoßen, damit Luftblasen nach oben steigen. Anschließend ist die Farbe gebrauchsfertig.

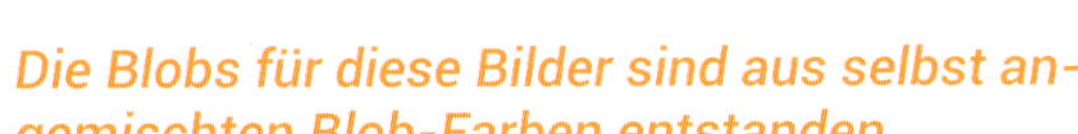

Die Blobs für diese Bilder sind aus selbst angemischten Blob-Farben entstanden.

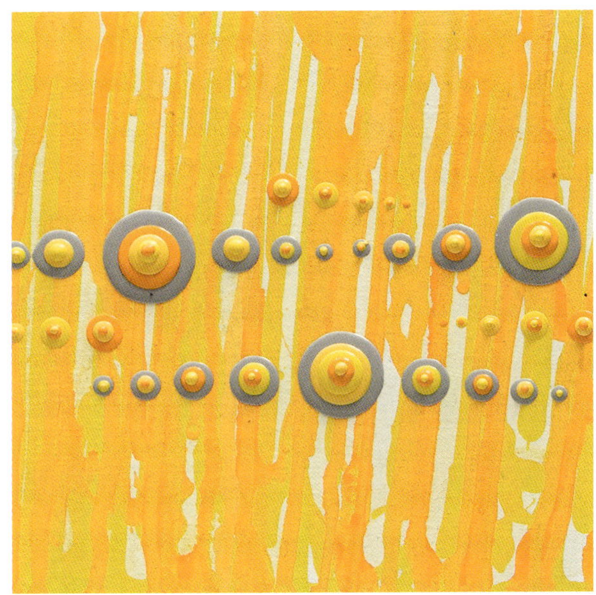

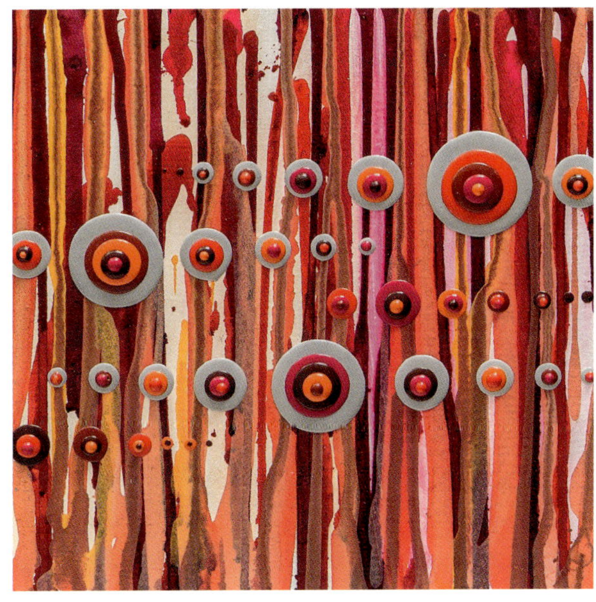

Bilder auf Keilrahmen

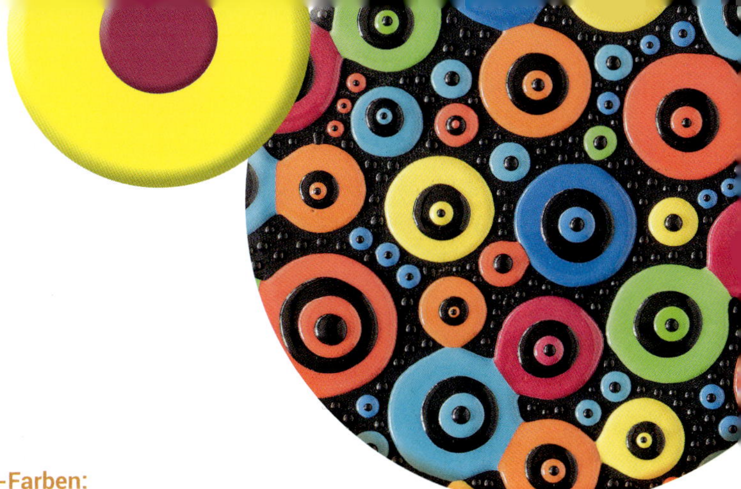

BUNTE PUNKTE

Der Klassiker unter den Blob-Bildern: Für die Punkte haben wir einen schwarzen Untergrund gewählt, der die kräftigen Farben richtig zum Leuchten bringt.

Material:
Keilrahmen in der gewünschten Größe
(z.B. 20 cm x 25 cm)
Acrylfarbe in Schwarz
Feindüse (1 mm)

Blob-Farben:
* Rot
* Orange
* Gelb
* Magenta
* Hellgrün
* Türkis
* Hellblau
* Schwarz

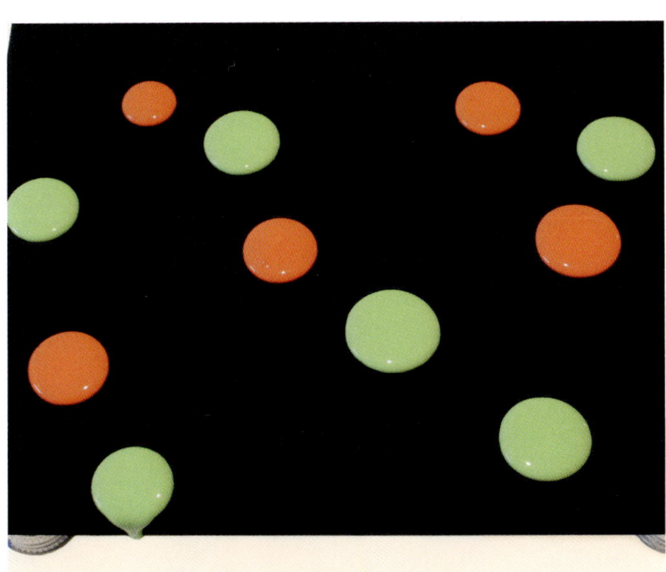

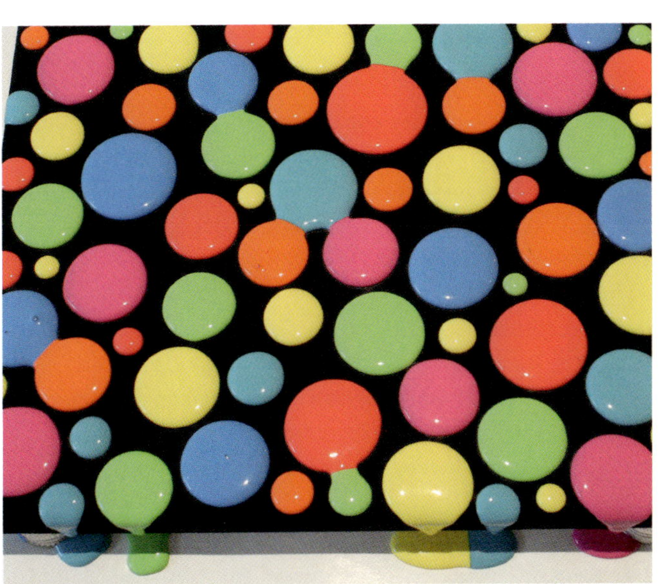

1. Den Keilrahmen deckend mit schwarzer Acrylfarbe grundieren. Nach dem Trocknen der Farbe den Rahmen an allen vier Ecken auf Abstandshalter setzen.

2. Zunächst über den ganzen Rahmen verteillt einige größere Blobs aufbringen. Diese dürfen an der einen oder anderen Stelle zusammenlaufen. Außerdem einige Blobs so nah an die Kante setzen, dass die Farbe über den Rahmen nach unten tropft.

3. Zwischen den großen Blobs nach und nach kleine Blobs setzen. Die Blobs vollständig trocknen lassen.

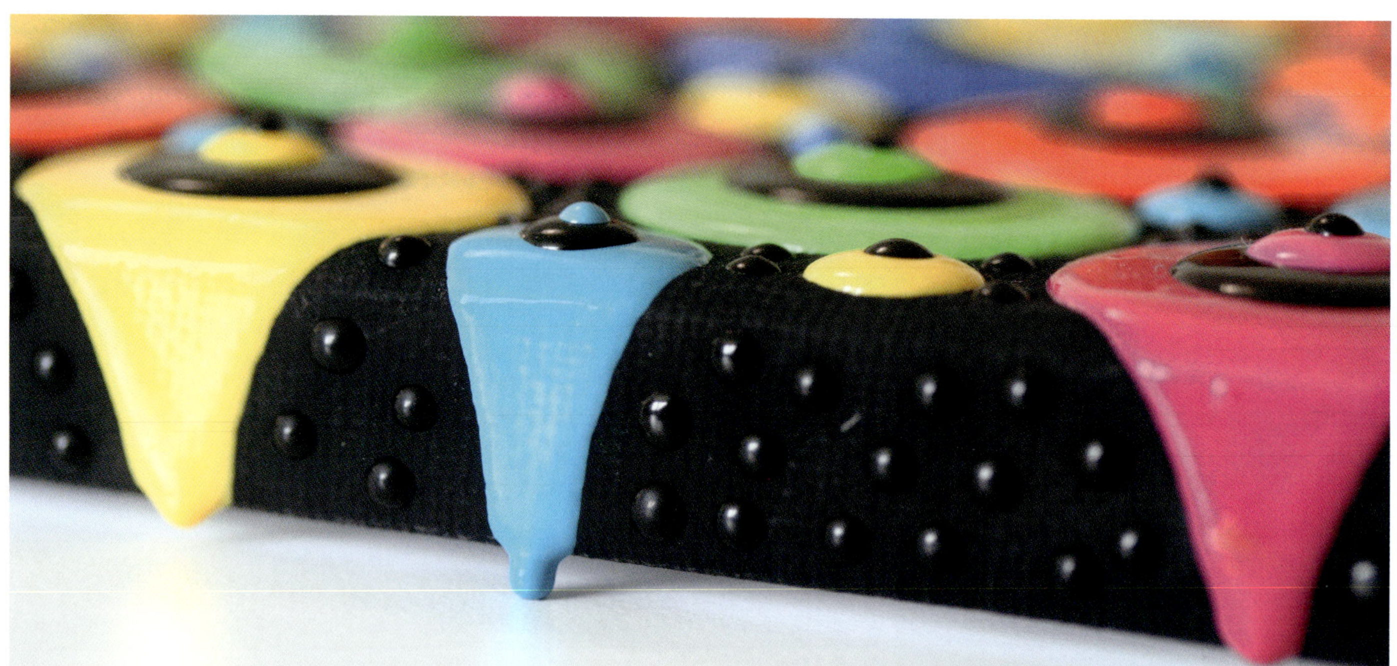

4. Als zweite Schicht auf alle Punkte einen schwarzen Blob setzen. Trocknen lassen, dann erneut auf allen größeren Blobs einen kleineren Blob in der Grundfarbe platzieren. Darauf als Abschluss mithilfe der Feindüse noch einmal kleine schwarze Blobs auftragen.

5. Zum Schluss ebenfalls mit der Feindüse viele kleine schwarze Punkte zwischen die einzelnen Blobs setzen. Die kleinen Punkte auch auf den Keilrahmenrand auftragen. Dafür den Keilrahmen jeweils auf die Kante stellen und nach der Trocknungszeit eine Kante weiter drehen.

Achtung!

Damit die Blobs schön satt über den Rand laufen, ist es hilfreich, noch etwas zusätzliche Blob-Farbe auf den Rand des Blobs zu geben, wenn die eigentlich gewünschte Blob-Größe schon erreicht ist. Andernfalls kann es sein, dass die Blob-Farbe am Keilrahmen nicht bis ganz nach unten läuft.

Wahrlich das i-Tüpfelchen dieses Bildes sind die schwarzen Pünktchen auf schwarzem Grund.

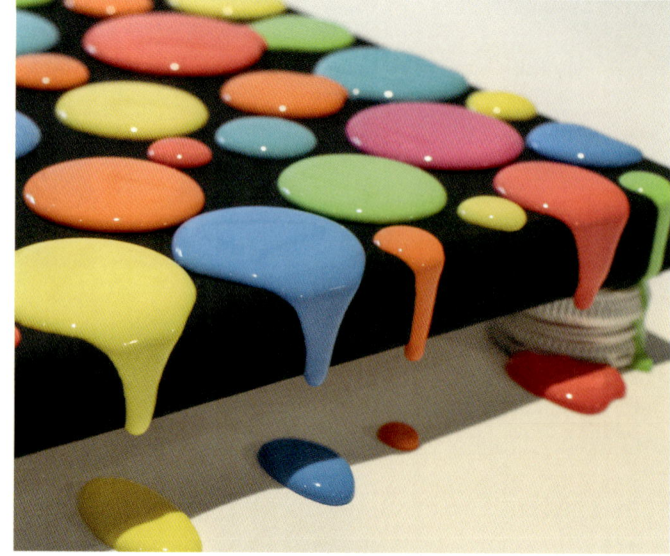

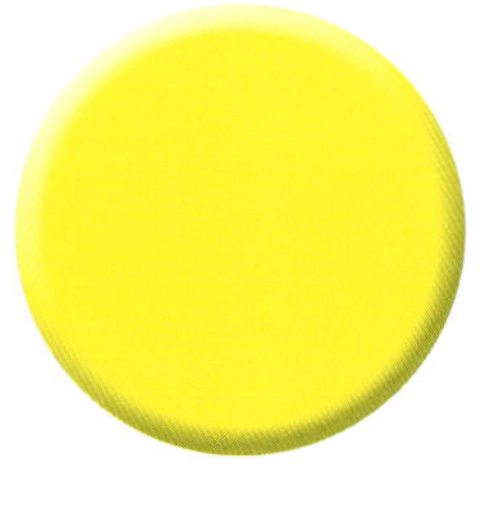

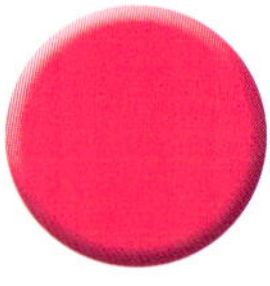

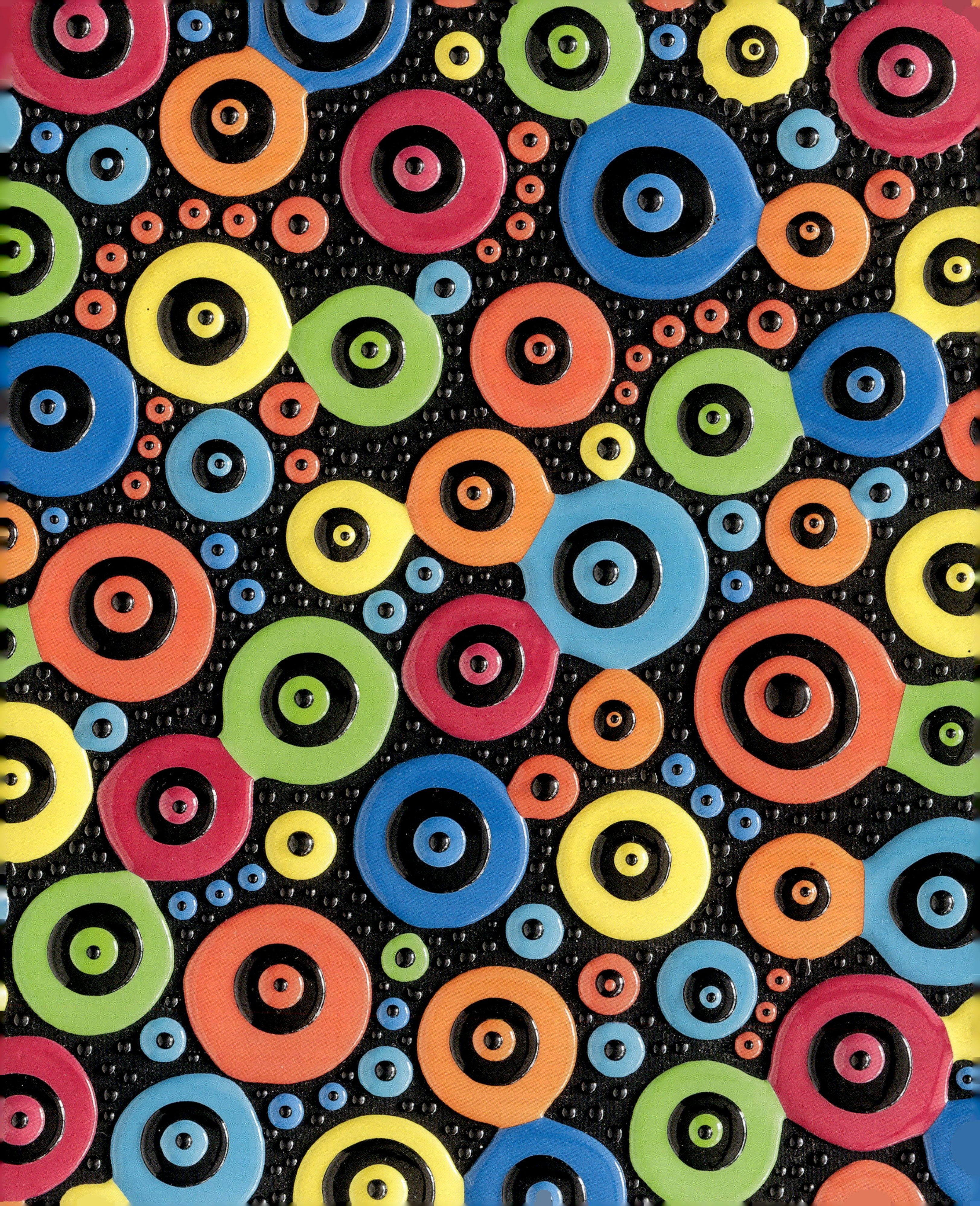

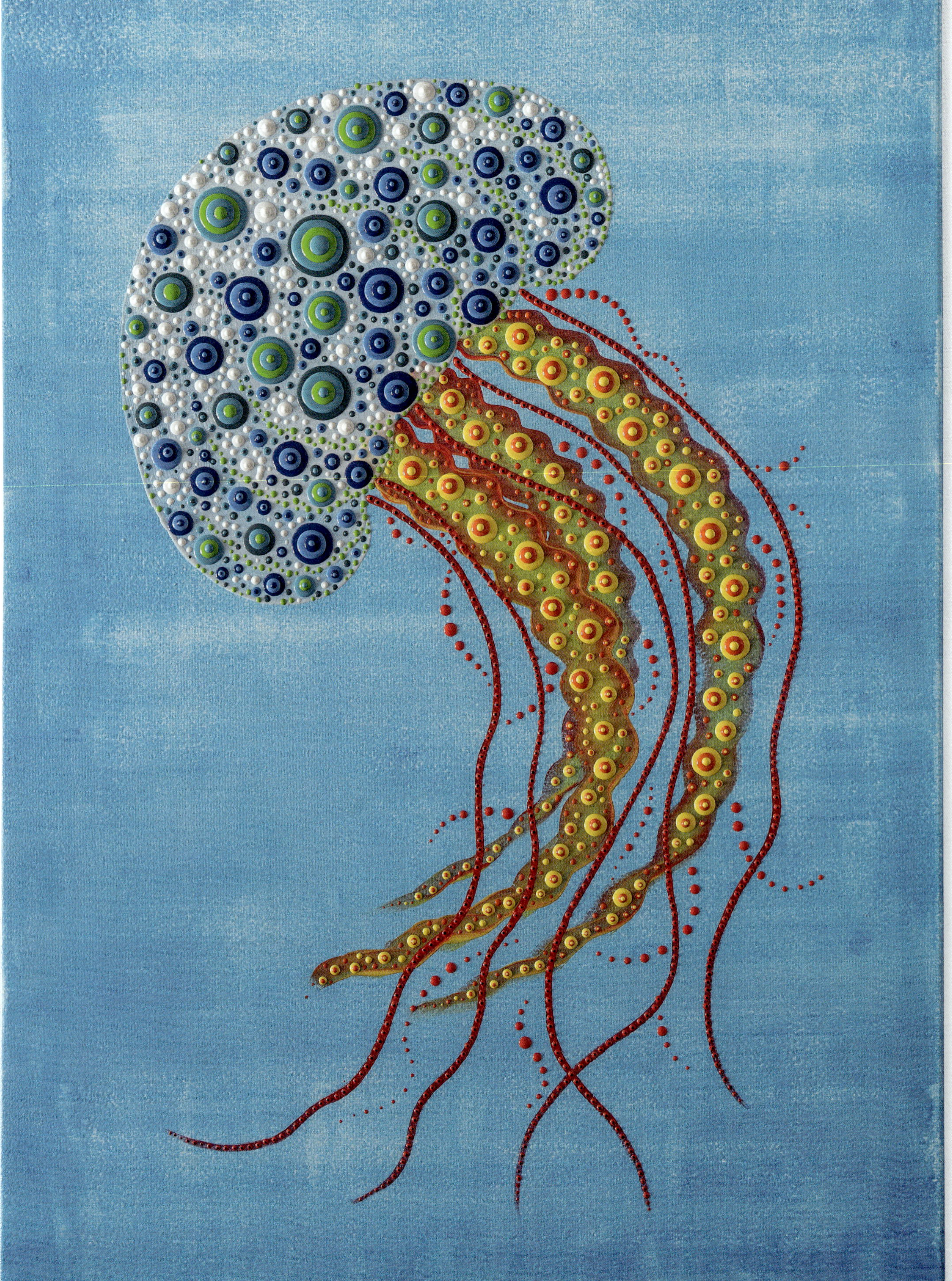

QUALLE

Schwerelos gleitet die Qualle durchs Meer. Ihr Körper spiegelt dabei Farbe und Struktur von Wellen und Brandung wider, die Tentakeln bringen Freude und Dynamik ins Bild.

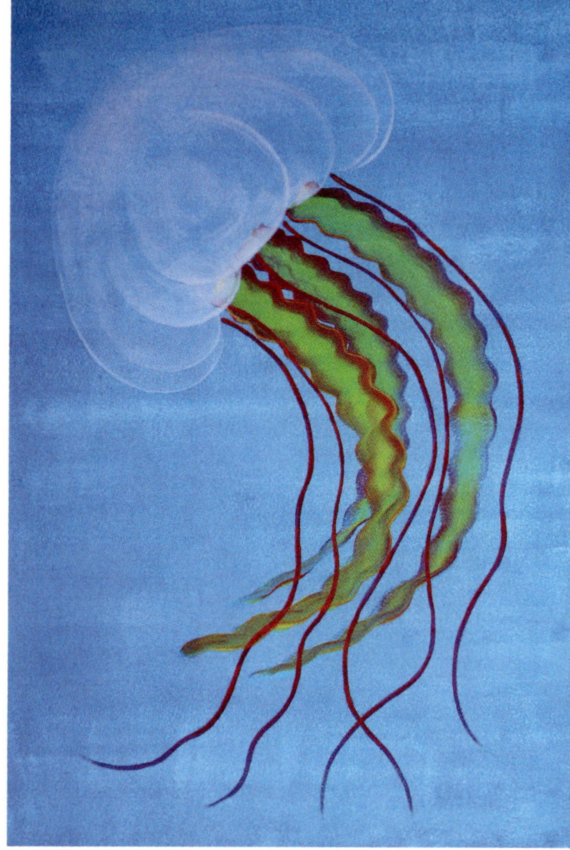

Material:
Keilrahmen in der gewünschten Größe (z. B. 50 cm x 70 cm)
Acrylfarbe in Blau und Weiß
Pouring-Fluid
schmale Schaumstoffwalze
breiter (Tentakelbreite) und schmaler Flachpinsel
Material zum Übertragen der Vorlage (s. Seite 58)

Blob-Farben:
* Hellblau
* Dunkelblau
* Petrol
* Weiß
* Orange
* Türkis
* Gelb
* Rot
* Schwarz

Schöne Strukturen lassen sich auch mit Blobs erzeugen, welche mit nur einem Farbton aufgebaut werden.

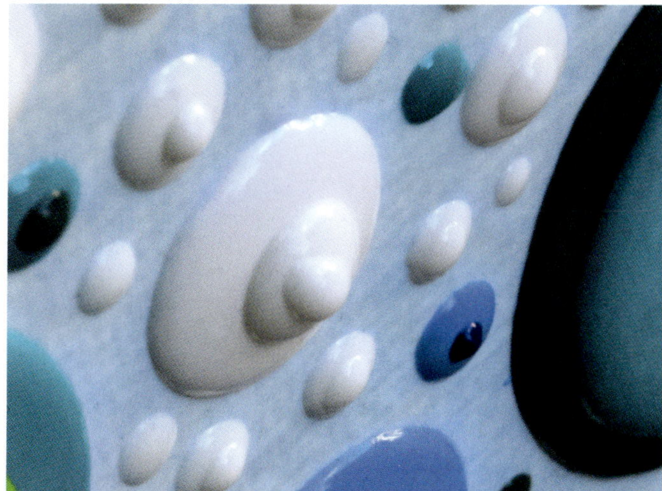

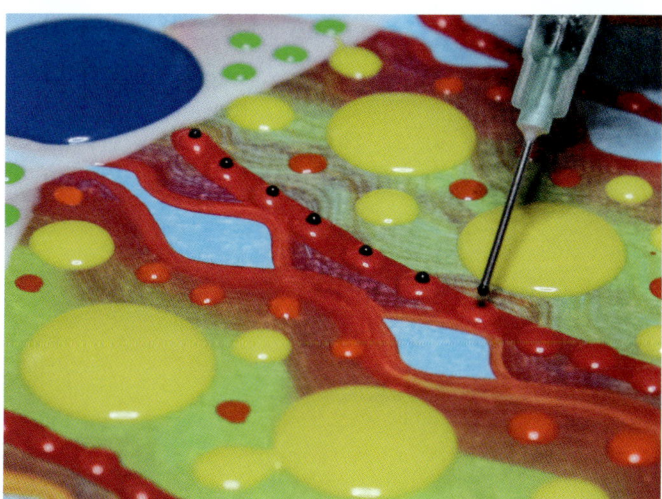

1. Den Keilrahmen mit weißer Acrylfarbe grundieren.

2. Acrylfarbe in Blau und Weiß mischen, bis der gewünschte Farbton erreicht ist. Diese Mischfarbe etwa im Verhältnis 2:1 mit Pouring-Fluid mischen. Diese Mischung mit der Schaumstoffwalze auf den Keilrahmen aufbringen. Etwas weiße Acrylfarbe 1:1 mit Fluid mischen, ein wenig davon mit der Walze aufnehmen und leicht auf die noch nasse blaue Farbschicht walzen. Alles gut trocknen lassen.

3. Die Qualle (Vorlage auf Seite 62) auf die gewünschte Größe vergrößern und mit Bleistift zart auf den Keilrahmen übertragen (siehe hierzu Seite 58).

4. Für die breiten Tentakel etwas rote und gelbe Blob-Farbe nebeneinander auf einen Teller geben. Mit dem breiten Pinsel beide Farben gleichzeitig so aufnehmen, dass die Pinselmitte gelb, die beiden Außenkanten rot gefärbt sind. Die Tentakel in einer einzigen Wellenbewegung aufmalen. Dabei mit dem unteren Tentakel beginnen. Anschließend die Qualle mit weißer und die schmalen Tentakel mit roter Blob-Farbe mit den Pinseln aufmalen. Alles trocknen lassen.

5. Die Qualle gemäß Abbildung mit Blobs gestalten, wie in der Grundanleitung auf Seite 6 beschrieben.

TRIPTYCHON

Hier kann nichts geplant werden: Bei diesem Werk ist es wichtig, sich ganz auf die Struktur des Untergrundes einzulassen. Nur Sie bestimmt den Verlauf der Blob-Linien.

Material:
3 schmale Keilrahmen in der gewünschten Größe (jeweils etwa 20 cm x 50 cm oder 23 cm x 60 cm)
4 Buchbindeklammern
Acrylfarbe in Schwarz, Weiß und Grau
Metallic Effect für Pouring in Stahl und Silber
weiteres Material s. „Pouring-Grundlagen"

Blob-Farben:

* Weiß
* Grau
* Schwarz
* Neon Grün
* Neon Gelb
* Neon Pink

1. Die Keilrahmen an den Längsseiten aneinander stoßend mit den Buchbindeklammern zu einer großen Fläche verbinden.

2. Die Farbmischung für das Pouring anrühren, wie auf Seite 20 beschrieben, und in den großen Mischbecher füllen. Einen zweiten großen Becher mit weißer Mischfarbe füllen.

3. Den Becher mit der grauen Mischung in Schlangenlinien diagonal über die drei verbundenen Keilrahmen gießen. Die zwei frei gebliebenen Ecken mit weißer Farbe übergießen. Eventuelle Farbreste aus dem grauen Becher in dünnen Streifen auf die weiße Seite der Kanten gießen, an denen sich weiße und graue Farbe berühren. Die Keilrahmen vorsichtig hin und her bewegen. Darauf achten, dass auch die Seitenkanten mit Farbe bedeckt sind. Hier eventuell die Finger zu Hilfe nehmen.

4. Die Rahmen auf Füßchen ablegen und die Buchbinde-klammern vorsichtig entfernen. Die Rahmen auseinander- ziehen und auch die dazwischenliegenden Seitenkanten mit Farbe bedecken. Die Farbschicht gut trocknen lassen – das kann bis zu 3 Tage dauern.

5. Wenn die Pouringfläche vollständig getrocknet ist, das Motiv mit Blobs verzieren. Die erste Blob-Schicht wird dabei Ton-in-Ton aufgebracht, also weiße Blobs auf die weißen und schwarze Blobs auf die schwarzen bzw. dunkelgrauen Farbflächen. Vorsicht: Auf der Pouringfläche laufen die (un-

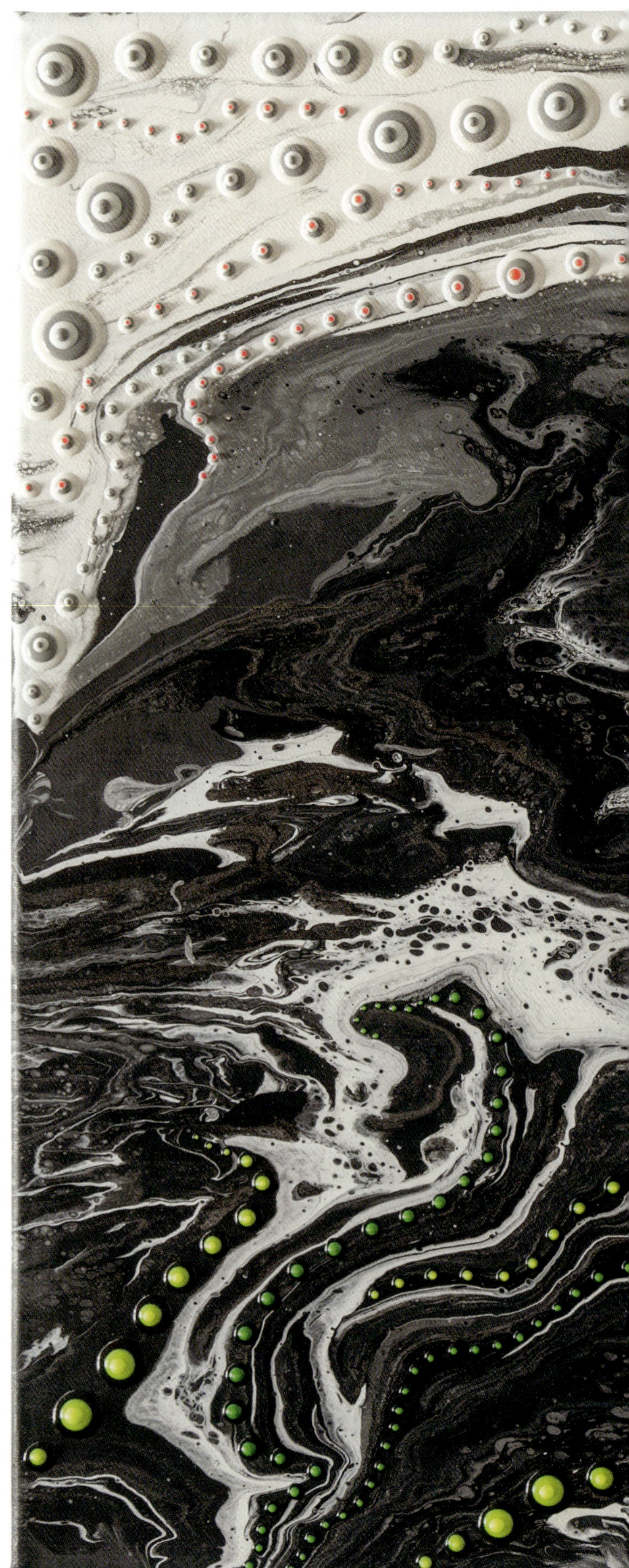

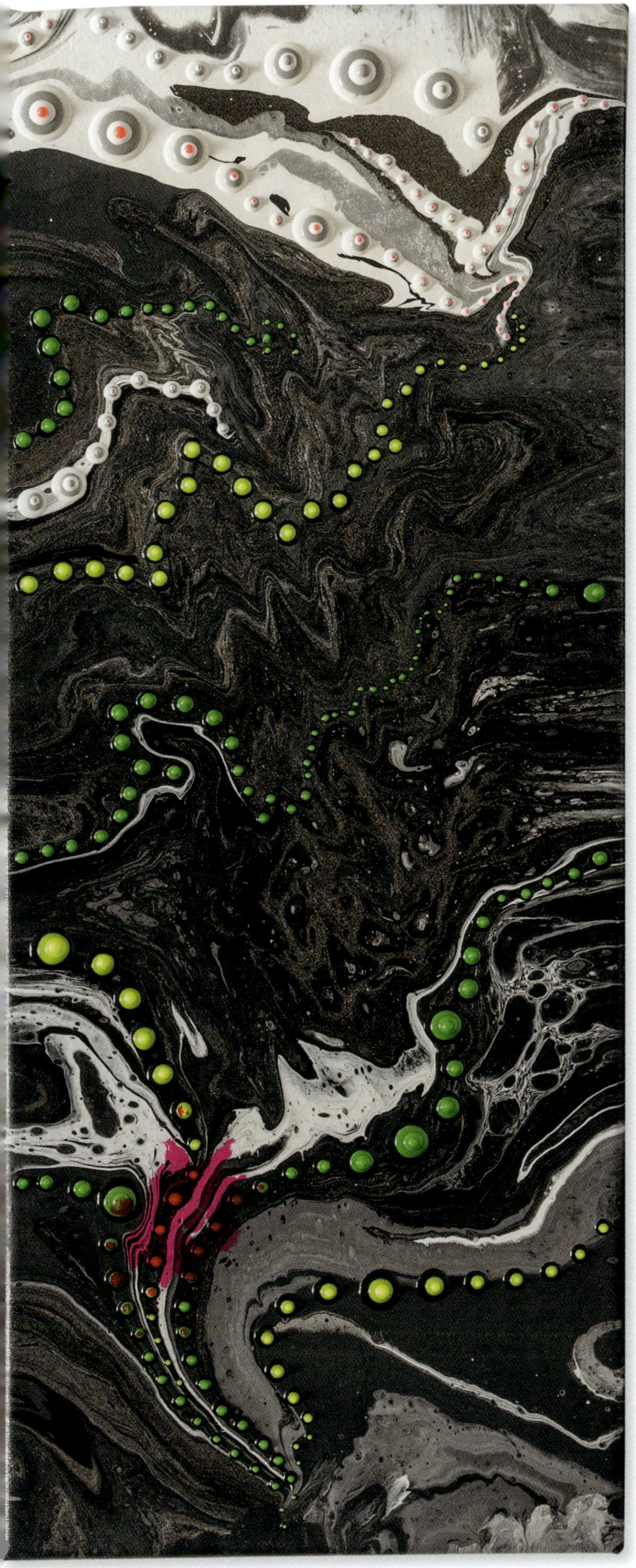

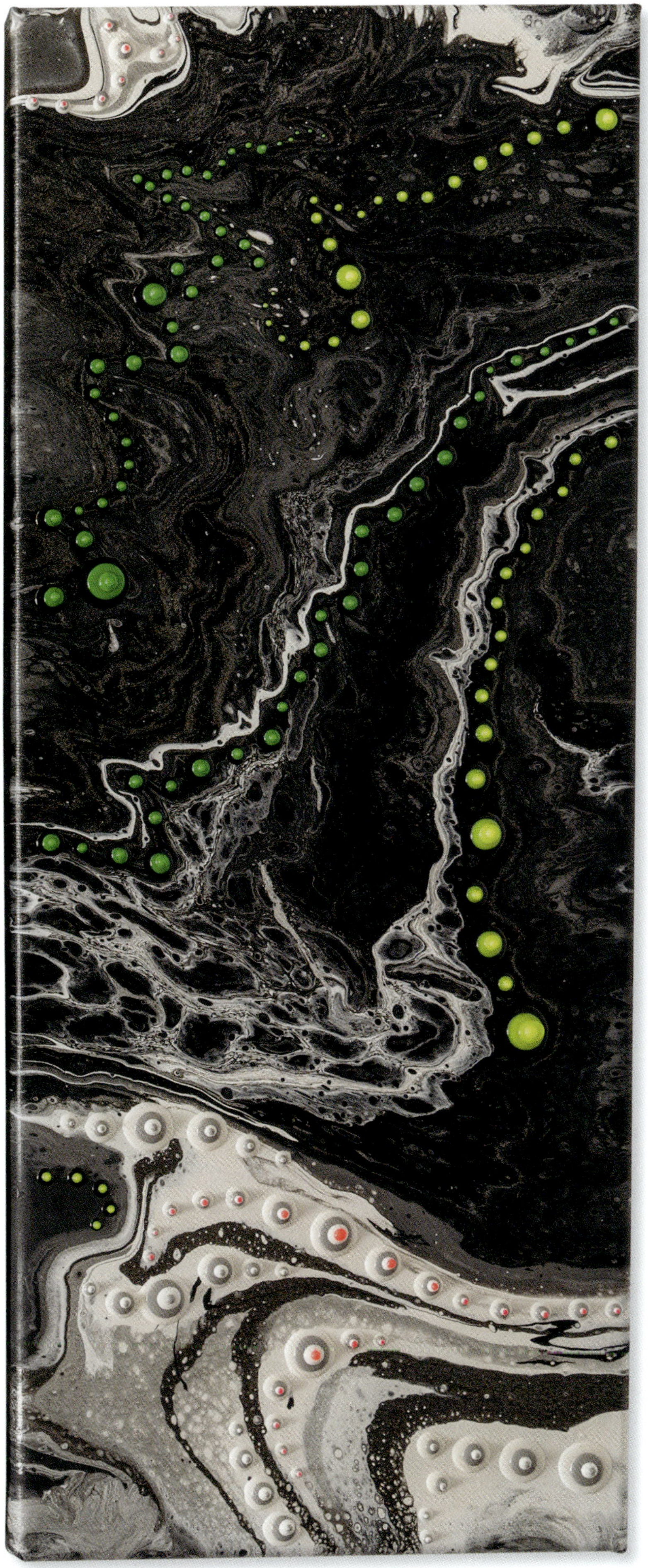

tersten) Blobs etwas breiter als gewöhnlich. Lass dich für den Verlauf der Blob-Linien vom Untergrund leiten, die Größen der Blobs können dabei variieren.

6. Auf den dunklen Flächen für die weiteren Blob-Schichten Neon Gelb und Neon Grün benutzen. Dabei für den gesamten Blob stets bei einer Farbe bleiben.

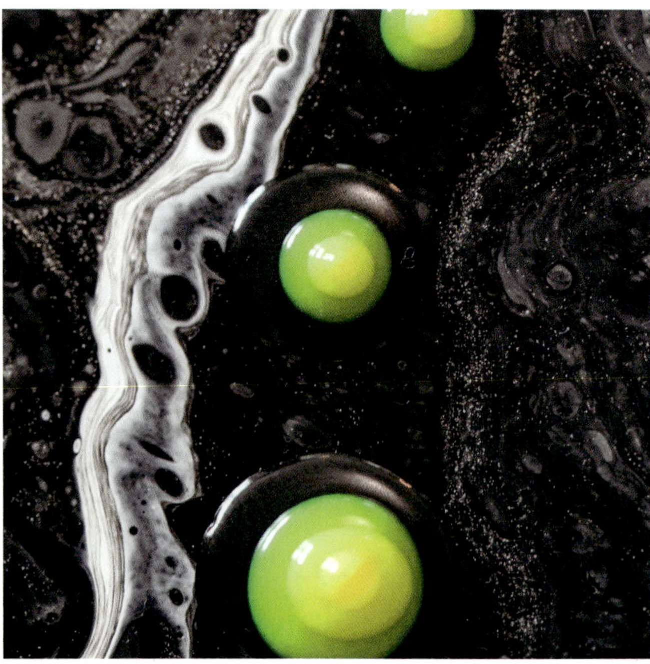

Bei den Blobs auf den hellen Flächen mit Grau und Weiß weiterarbeiten. Die oberste Farbschicht teilweise mit Neon Pink setzen.

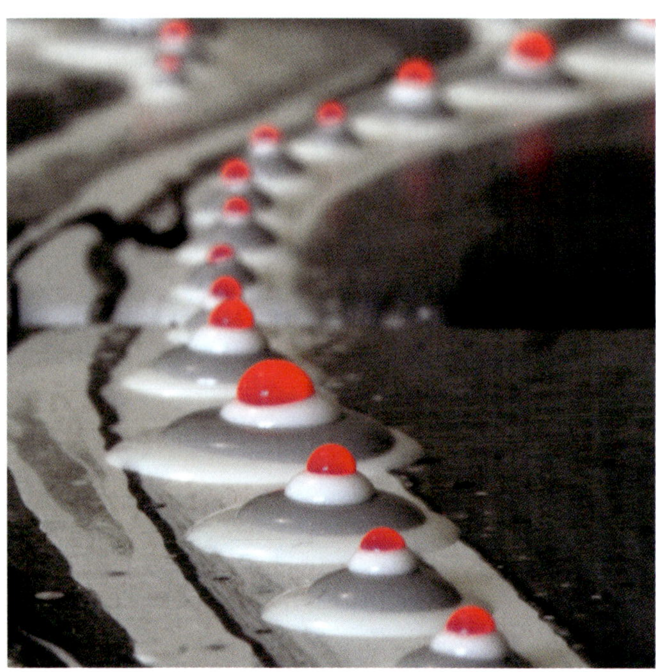

Pouring–

Pouring ist eine Acryl-Gießtechnik, bei der sehr viel Farbe im Spiel ist. Dabei werden verschiedene mit Pouring-Medium vermischte Acrylfarben über einem Gegenstand ausgeschüttet oder, wie in unserem Fall, in Wellenbewegungen ausgeleert. Durch das Hin- und Herbewegen bzw. Neigen der Leinwand werden die Fließrichtung und die Verteilung der Farben beeinflusst. Dabei entstehen immer wieder neue, beeindruckende Effekte. Da bei dieser Technik die überschüssige Farbe abläuft, den Untergrund mit einer Folie abdecken und das Objekt auf Abstandshalter setzen.

Material:
Acrylfarben in verschiedenen Farbtönen
Pouring-Medium
Mischgefäße (z.B. große Joghurtbecher)
Holzstäbchen
Abdeckfolie
Einweghandschuhe
Flambierbrenner

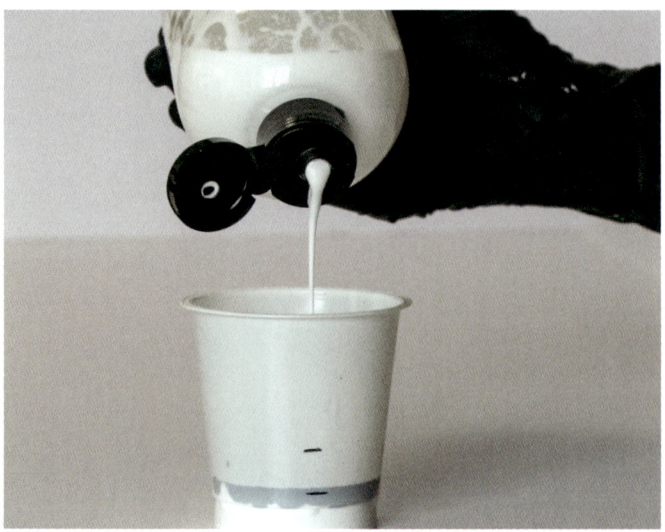

Die Acrylfarben 1:1 mit dem Pouring-Medium mischen. Dazu für jede Farbe einen separaten Becher und ein eigenes (Holz-)Stäbchen zum Umrühren/Mischen verwenden.

Grundlagen

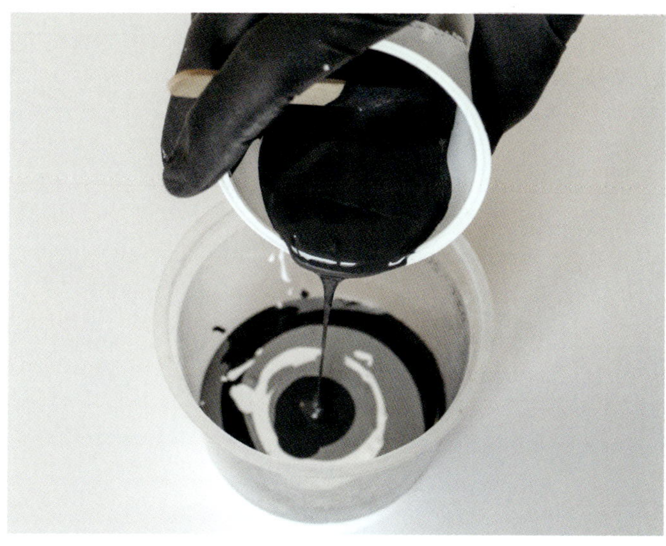

Anschließend werden diese Mischungen in einen größeren Becher gefüllt: dabei immer nur wenig Farbe einfüllen, dann den nächsten Farbton in die Mitte fließen lassen usw.

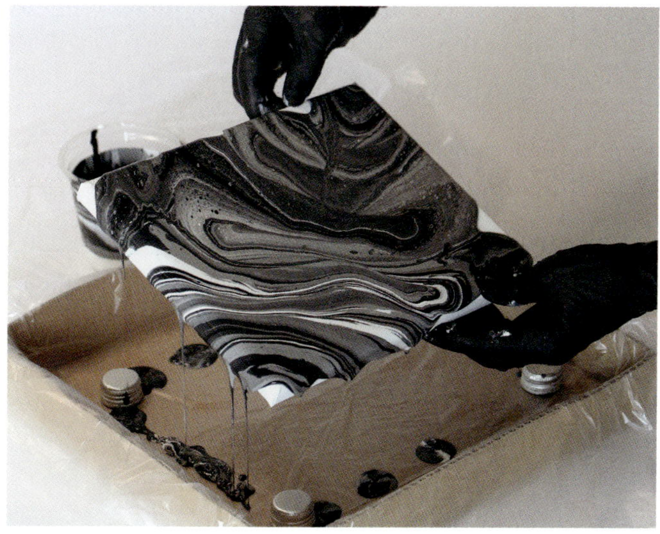

Durch leichtes Hin- und Herbewegen des Objektes lässt sich der Fluss der Farbe etwas beeinflussen.

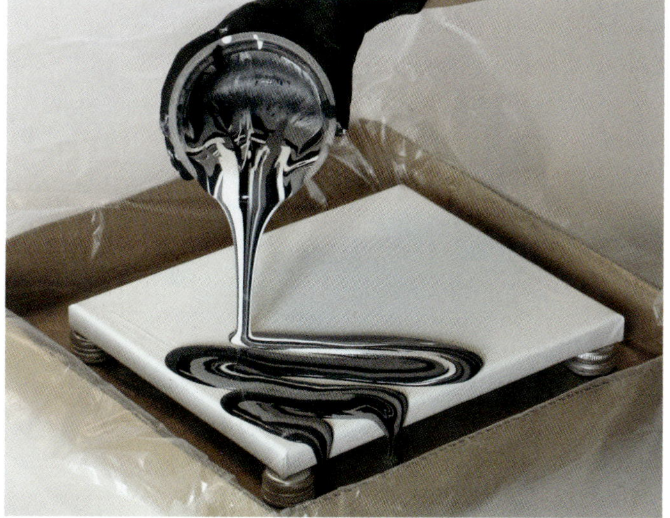

Diese Farbmischung (hier in Wellenbewegungen) auf die Leinwand bzw. über das zu pourende Objekt gießen.

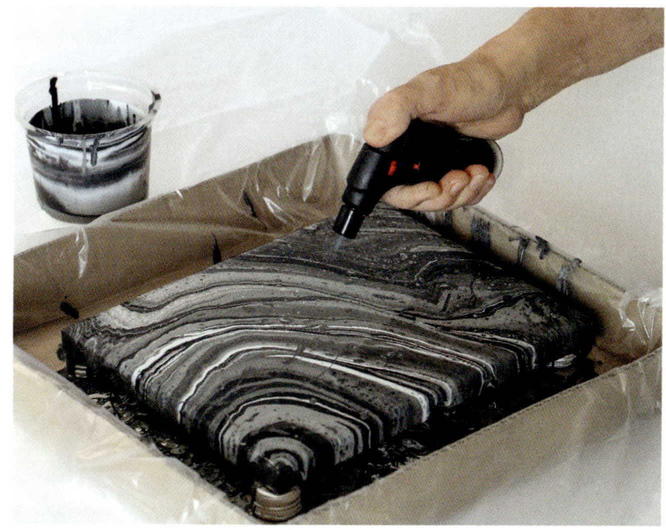

Ist die Farbschicht wie gewünscht, kurz mit einem Flambierbrenner im Abstand von ca. 15 cm über die Farbschicht gehen, um mögliche Luftbläschen platzen zu lassen. Je nach Farbdicke braucht die Pouringfläche 1–4 Tage zum Trocknen. Während des Trocknens das Objekt nicht bewegen!

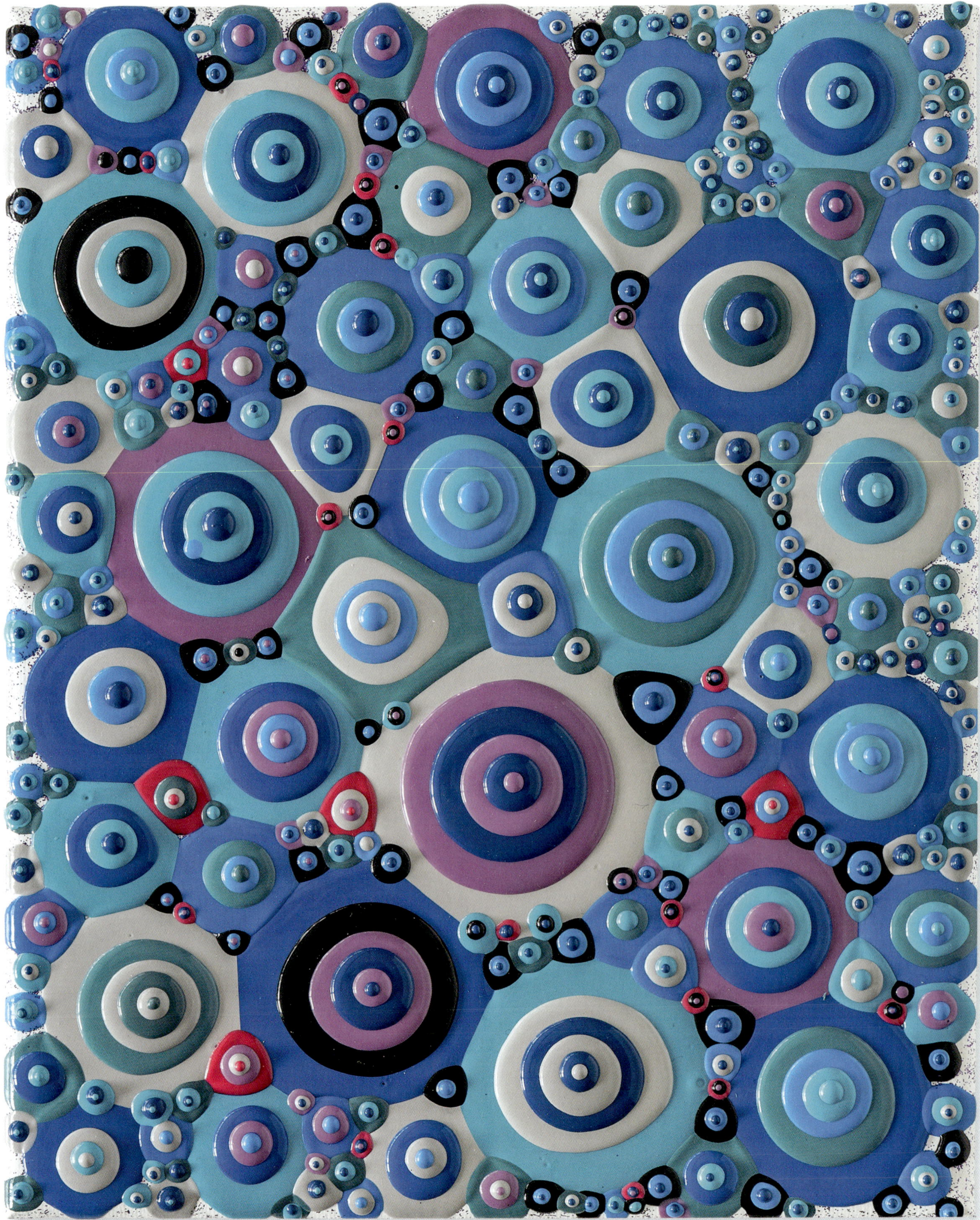

MONOCHROME BLOBS

Bei monochromen Bildern beherrscht eine Farbfamilie das gesamte Bild. Besonders spannend wirkt es, wenn eine ausgewählte Kontrastfarbe in nur wenigen Bereichen des Bildes Anwendung findet.

Blob-Farben:

* Grau
* Hellblau
* Blau
* Türkis
* Lila
* Petrol
* Magenta
* Schwarz

Material:

Keilrahmen in der gewünschten Größe (z.B. 20 cm x 25 cm)
Acrylfarbe in Weiß
German Glitter in Violett

Achtung!
Sind die Lücken zwischen den großen Blobs, welche mit kleinen Blobs gefüllt werden sollen, sehr tief, kann es hilfreich sein, zunächst die Farbe nur eben in die Vertiefung zu füllen und trocknen zu lassen. In einem zweiten Schritt wird dann mit der gleichen Farbe ein Blob auf die Stelle aufgesetzt.

1. Den Keilrahmen mit weißer Acrylfarbe grundieren und trocknen lassen.

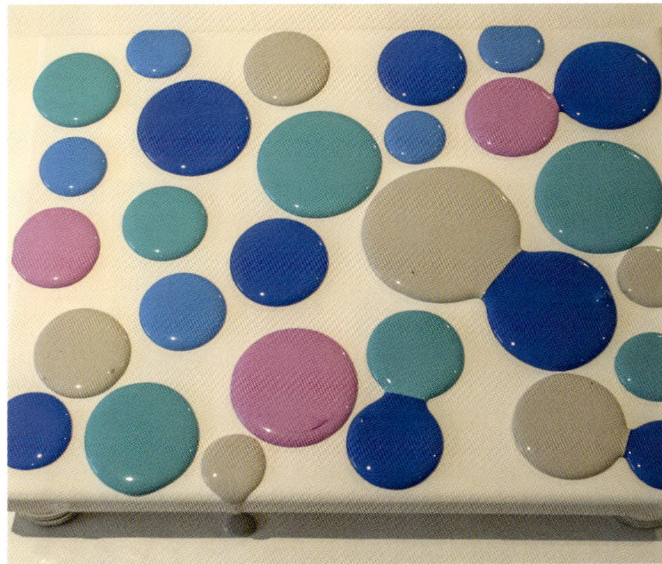

2. Den Keilrahmen mit Blobs gestalten, wie in der Grundanleitung auf Seite 6 beschrieben. Die unterste Blob-Schicht dicht an dicht setzen. Die Blobs dürfen sich dabei berühren.

3. Die unterste Schicht trocknen lassen. Danach die nächste Blob-Schicht auftragen.

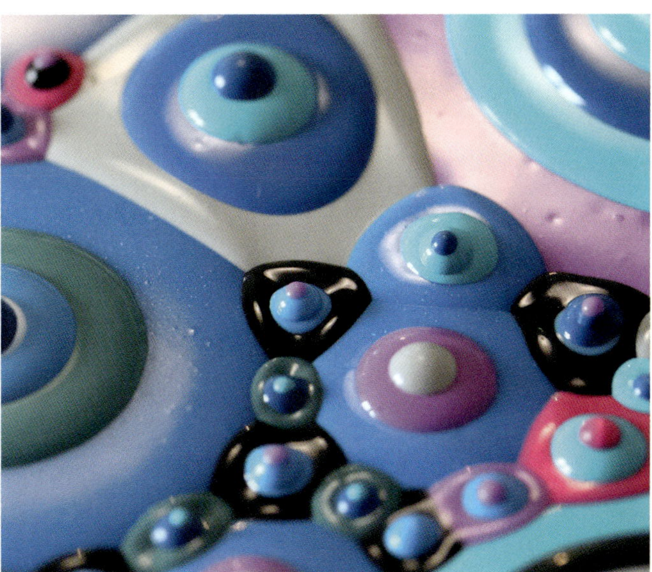

4. Zum Schluss die Zwischenräume und auch die Kanten, an denen sich die untersten Blobs berühren, nach und nach mit kleinen Blobs füllen bzw. bedecken.

5. Erst wenn die Farben vollständig getrocknet sind, die verbliebenen weißen Flächen dünn mit German Glitter bemalen. Je nach Vorliebe mit dem Pinsel oder direkt aus der Flasche.

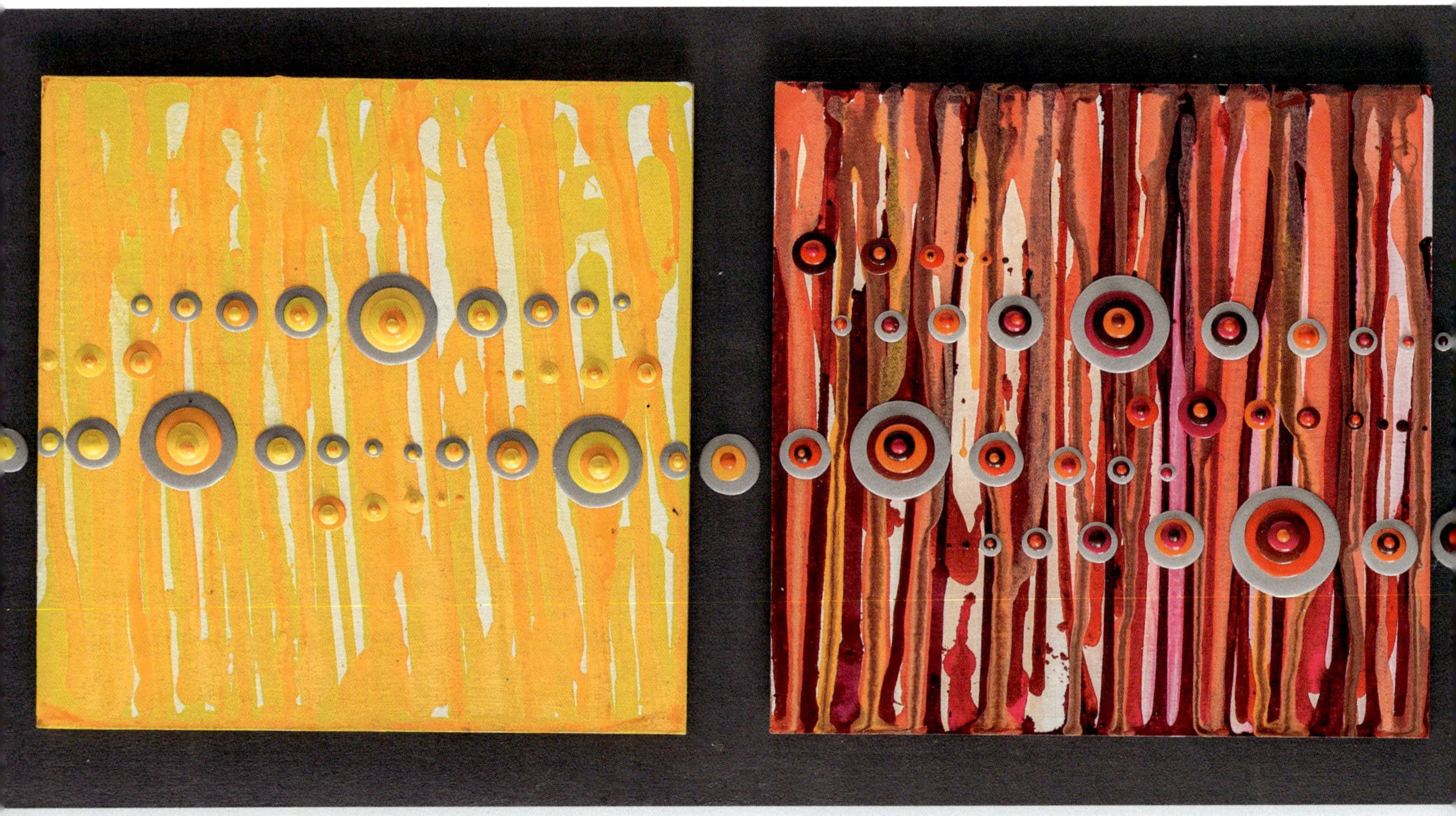

GRUNDFARBENSTREIFEN

Verbinden, was getrennt ist: Die grauen Blobs schlagen eine Brücke zwischen den Blöcken in den einzelnen Grundfarben.

1. Die Blob-Farben wie ab Seite 10 beschrieben aus Acrylfarben, Pouring-Medium und Bastelkleber anrühren und jeweils in eigene Leerflaschen füllen.

2. Alle drei Malpappen mit weißer Acrylfarbe grundieren und trocknen lassen.

3. Verschiedene Farbtöne der einzelnen Grundfarben aus den Acryltinten anmischen, jede in einem eigenen Mischgefäß.

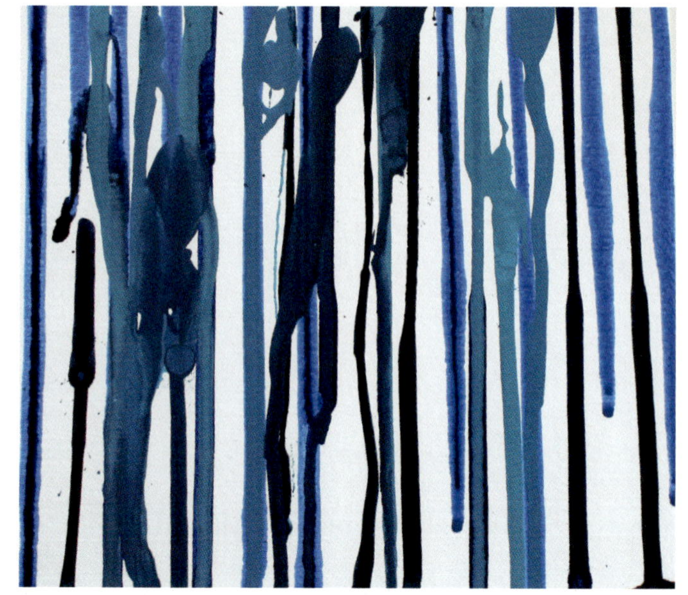

4. Eine Malpappe schräg stellen. Die gemischten Farben einer Grundfarbe jeweils mit der Pipette aufnehmen, an der Oberkante ansetzen und nach unten laufen lassen. Innerhalb einer Farbfamilie braucht die Pipette nicht gesäubert werden. Dies auf allen drei Malpappen mit jeweils einer Grundfarbe wiederholen.

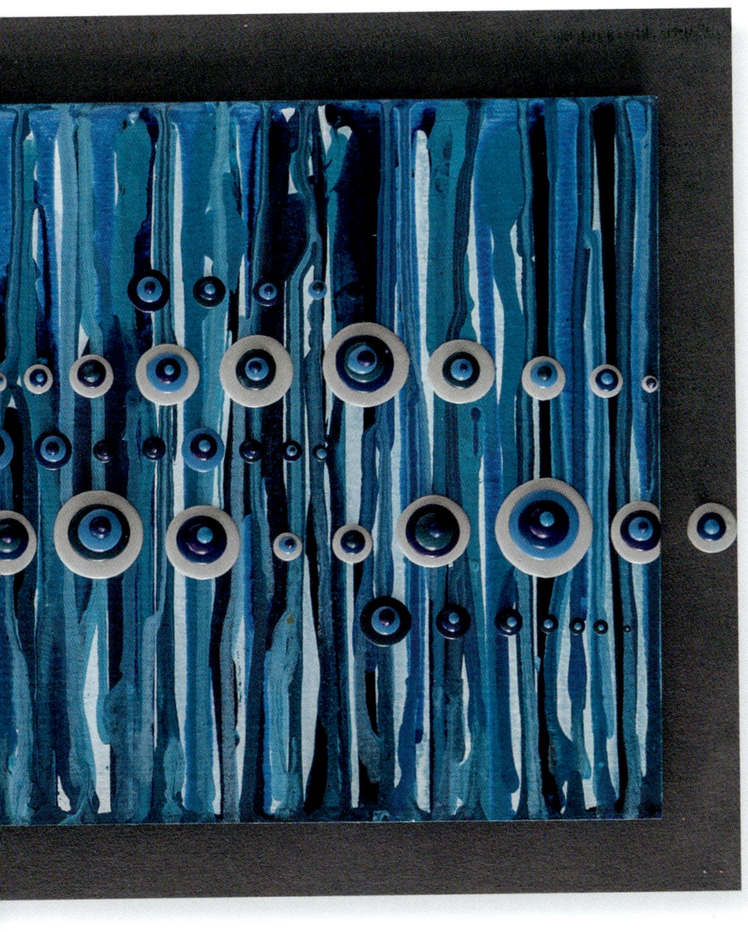

Material:

Pouring-Medium
Bastelkleber
Leerflaschen mit Spitze
3 Malpappen (20 cm x 20 cm)
Pipette
Klarlack
Graupappe (2 mm stark, 70 cm x 25 cm)
Klebekissen (2 mm hoch)

Acrylfarben:

* Schwarz
* Weiß
* Gelbtöne
* Rottöne
* Blautöne

Acryltinten:

* Weiß
* Schwarz
* Gelbtöne
* Rottöne
* Blautöne

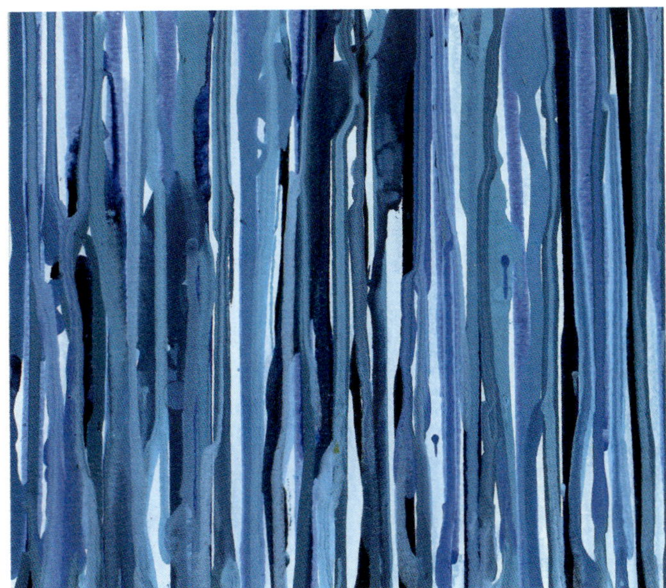

5. Die Malpappen gut trocknen lassen, dann die Pappe mit der Unterkante nach oben stellen und weitere Farbspuren aufbringen. Dies kann so oft wiederholt werden, bis das Ergebnis gefällt.

6. Die Malpappen nach dem Trocknen mit Klarlack überstreichen und die Blobs gemäß der Grundlanleitung auf Seite 6 aufbringen.

7. Die Graupappe für den Hintergrund mit grau angemischter Acrylfarbe grundieren. Nach dem Trocknen mit Klarlack überstreichen.

8. Die gestalteten Malpappen mit ringsum jeweils 2,5 cm Abstand zum Rand mithilfe der Klebekissen mittig auf der Pappe anordnen.

9. Zum Schluss noch einzelne Blobs zwischen den Bildern direkt auf dem grauen Hintergrund anbringen.

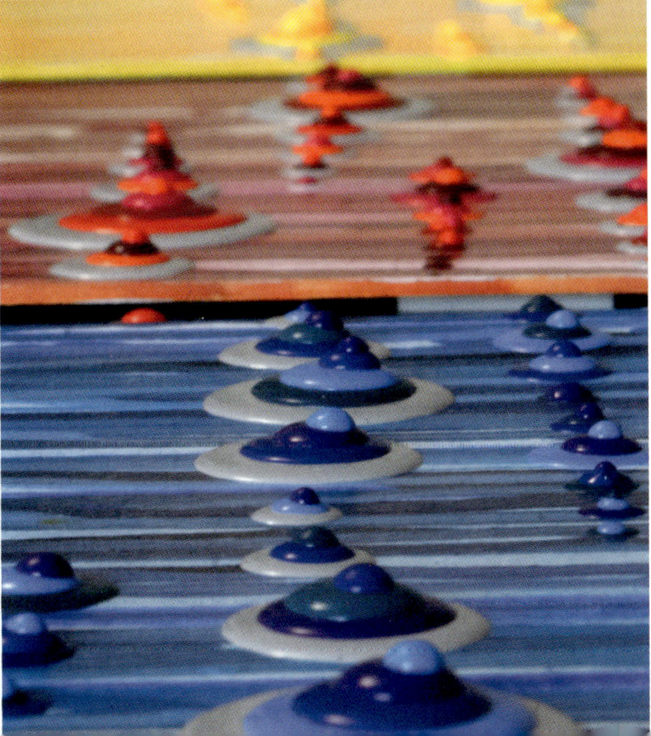

TÄNZERIN

Unzählige Blobs bilden das zarte Kleid der Ballerina. Die dreidimensionale Bildwirkung wird noch verstärkt durch eine Zunahme der Blobgröße, je weiter der Blob von der Tänzerin entfernt ist.

Material:

Keilrahmen in gewünschter Größe
(z. B. 60 cm x 40 cm)
Acrylfarbe in Flieder, Schwarz und Weiß
Lack-Spray in Chrom, hochglänzend
Material zum Übertragen der Vorlage (s. Seite 58)

Blob-Farben:

* Magenta
* Rosa
* Rot
* Orange
* Violett
* Lila
* Neon Pink

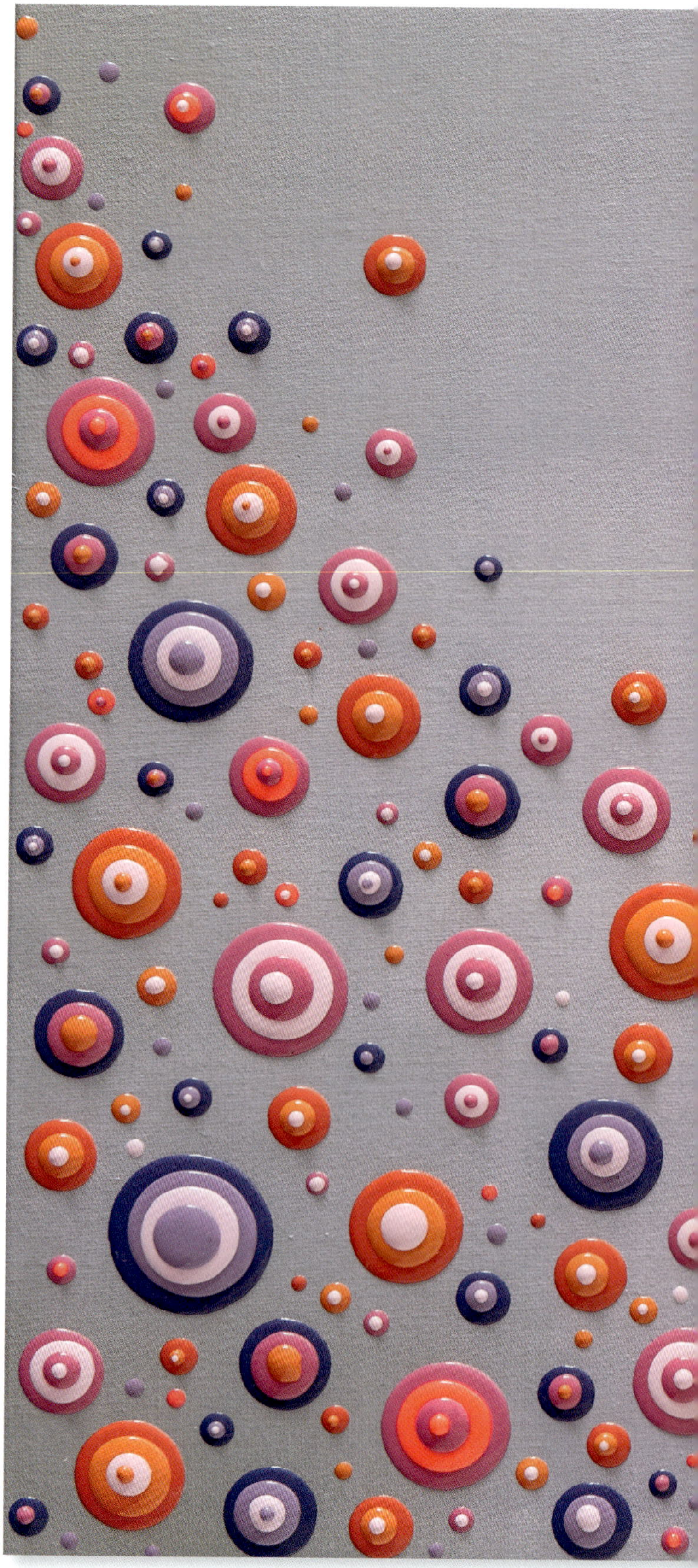

1. Den Keilrahmen mit weißer Acrylfarbe grundieren. Nach dem Trocknen mit Acrylfarbe in Flieder bemalen. In die noch nasse Farbe im Bereich der Tänzerin etwas Weiß einarbeiten. Anschließend die Ränder des Keilrahmens mit Sprühfarbe in Chrom besprühen, dabei den Bereich der Tänzerin weiträumig aussparen (siehe Arbeitsfoto rechts).

2. Die Vorlage der Tänzerin von Seite 59 auf die gewünschte Größe vergrößern und zart auf den Keilrahmen übertragen, wie auf Seite 58 beschrieben. Die Figur mit scharzer Acrylfarbe ausmalen.

3. Das Kleid der Tänzerin mit Blob-Farben gestalten. Dabei wie in der Grundanleitung (Seite 6) beschrieben vorgehen. Die Blobs direkt auf der Tänzerin etwas kleiner und enger, weiter von der Figur entfernt größer und mit mehr Abstand setzen. Die Mini-Blobs erst ganz am Schluss hinzufügen.

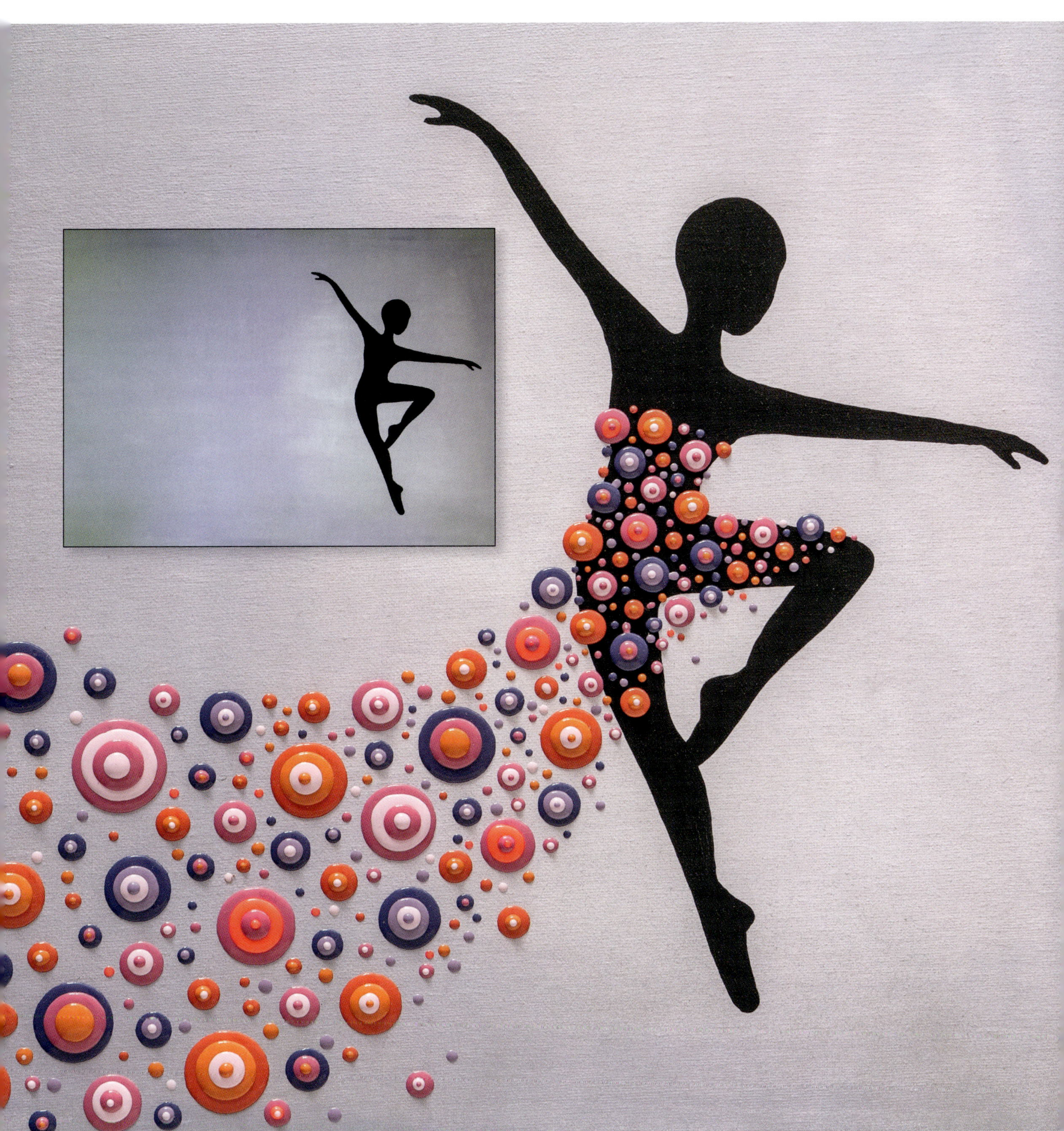

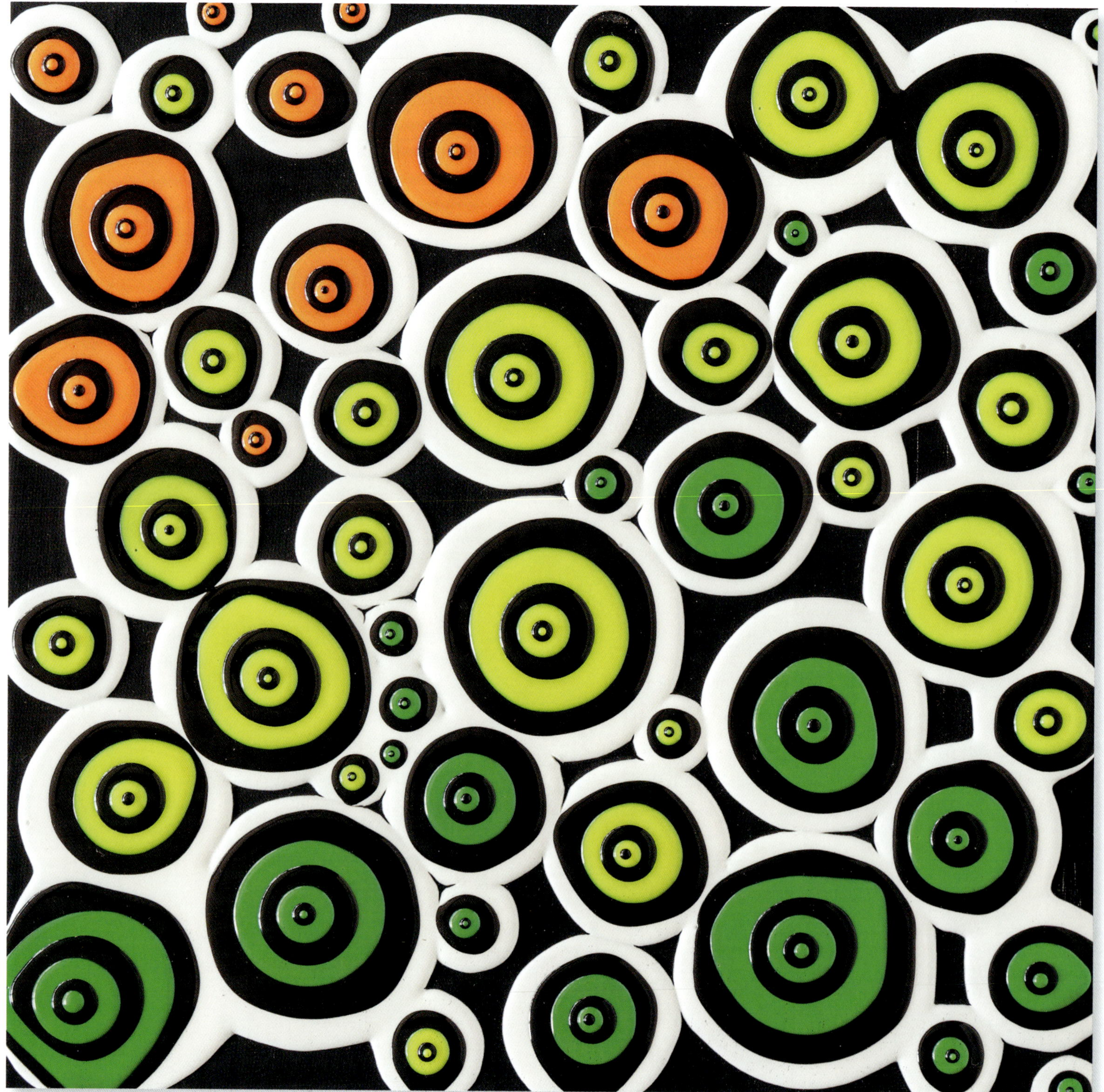

Material:

Keilrahmen in gewünschter Größe (z. B. 30 cm x 30 cm)
Acrylfarbe in Schwarz

Blob-Farben

* Schwarz
* Weiß
* Neon Orange
* Neon Grün
* Neon Gelb

Achtung!
Auch die erste Schicht schwarzer Blobs läuft aufgrund ihrer Größe recht stark nach! Daher mit dem Farbauftrag weit genug vom Rand entfernt stoppen – lieber ist etwas mehr von der untersten weißen Schicht zu sehen, als dass die schwarze Farbe über den Rand läuft.

NEONAUGEN

Peppig in Neon: Ein weißes Netz hält die schwarzen Blobs optisch zusammen, auf denen die Neonfarben besonders knallig wirken. Wenn die Blobs mal nicht ganz rund werden, ist das kein Beinbruch. Es macht dieses Bild umso lebendiger.

1. Den Keilrahmen mit schwarzer Acrylfarbe grundieren und die Farbe trocknen lassen.

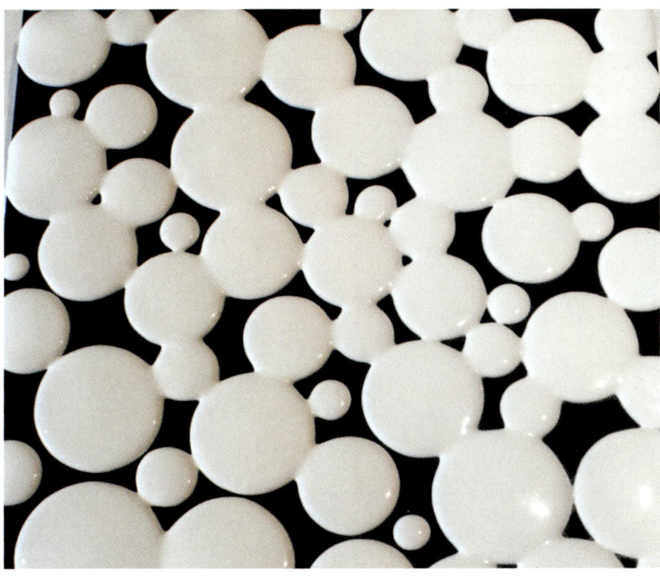

2. Als unterste Blob-Schicht, wie in der Grundanleitung auf Seite 6 beschrieben, unterschiedlich große weiße Blobs dicht an dicht auf den Keilrahmen setzen. Es ist dabei erwünscht, dass die Blobs teilweise zusammenlaufen.

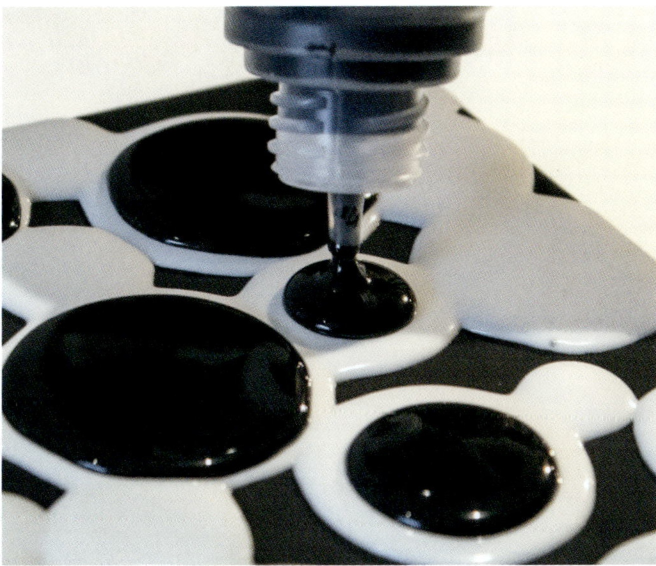

3. Als zweite Schicht schwarze Blobs aufbringen. So sieht der Bildaufbau nun aus.

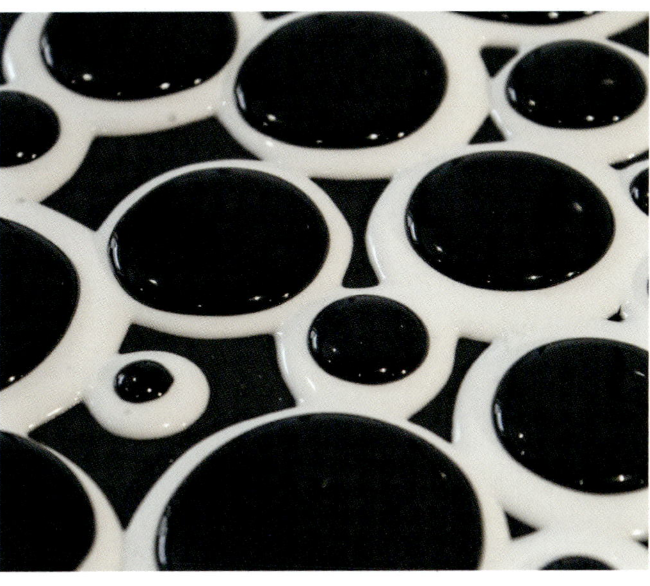

4. Danach immer Neonfarbe und Schwarz abwechseln. Dabei von links oben nach rechts unten überwiegend orangefarbene, gelbe und grüne Gruppen bilden.

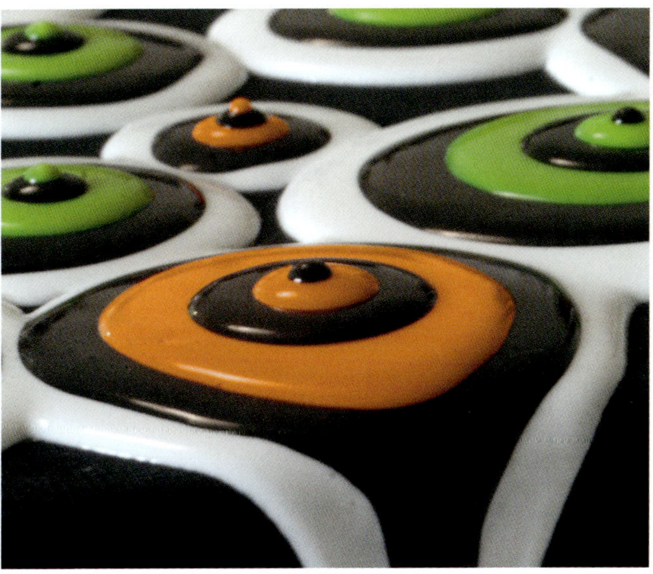

BUNTER SCHMETTERLING

Filigrane Punkte und goldene Schnörkerl setzen zwischen den einzelnen Blobs Akzente und verleihen dem Muster eine nahezu orientalische Anmutung. Doch auch die Blobs sind reich verziert: Zum Einsatz kommen viel Glitter in verschiedensten Farben, Linien und Pünktchen.

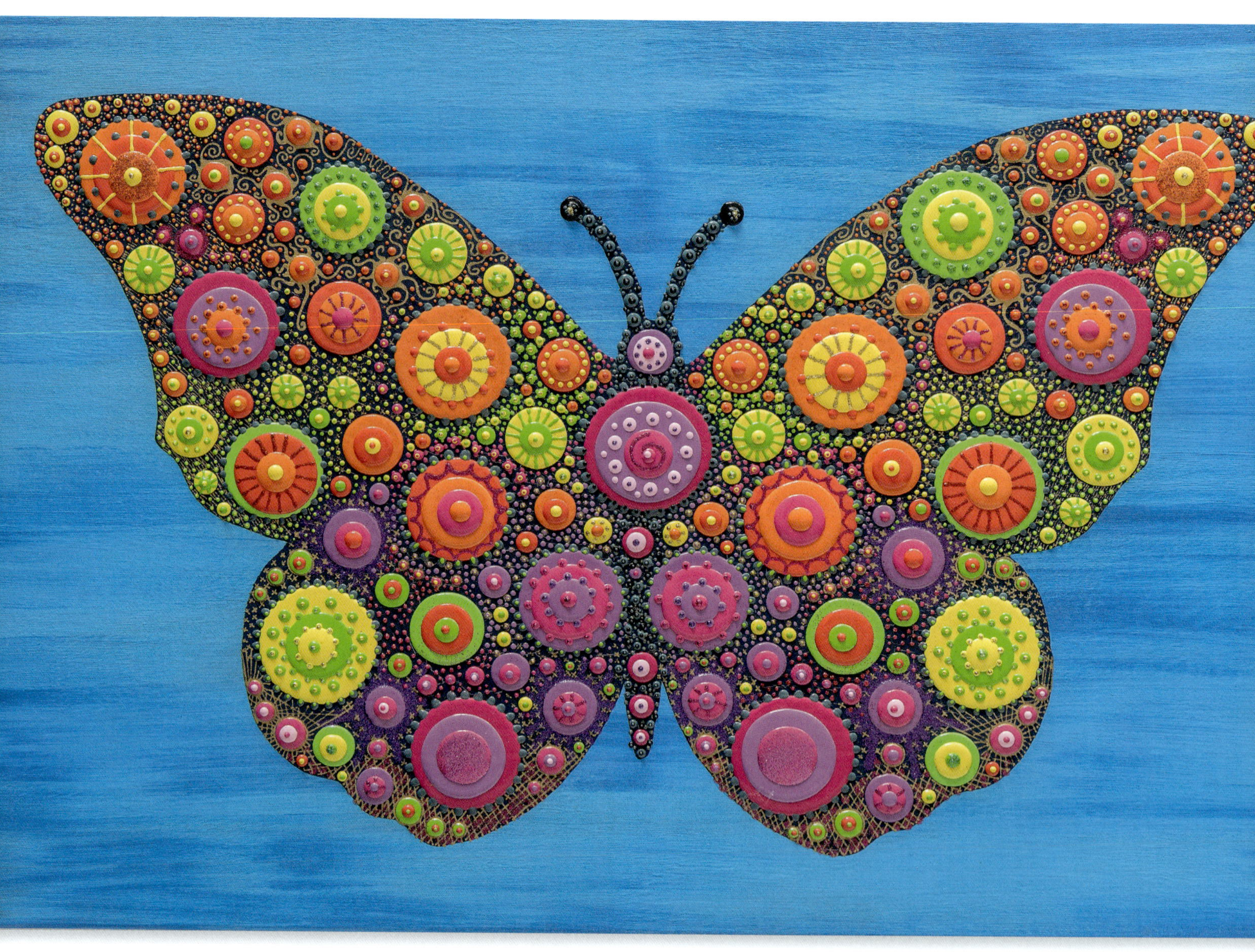

Material:

Keilrahmen in gewünschter Größe (z. B. 60 cm x 40 cm)
German Glitter in Chillirot, Maigrün, Fuchsia und Violett
Lackstift in Gold (0,8 mm)
Glitzerglück in Gold
Feindüse (im Glitzerglück enthalten)
Flitter zum Streuen in Rot, Rosa und Grün
Acrylfarbe in Weiß, Nachtblau und Blau
Metallic Effect für Pouring in Blau
Material zum Übertragen der Vorlage (Seite 58)

Blob-Farben

* Gelb
* Orange
* Rot
* Hellgrün
* Magenta
* Lila
* Rosa
* Petrol
* Schwarz

1. Den Keilrahmen mit hellblauer Acrylfarbe grundieren. Dafür das Blau so lange mit Weiß mischen, bis der gewünschte Farbton erreicht ist (etwa 1:1). Mit einem breiten Pinsel etwas blaue Metallic-Effect-Farbe aufnehmen und in die noch nasse Farbe wischen.

2. Den Schmetterling gemäß Vorlage von Seite 60 auf die gewünschte Größe vergrößern und zart auf den Keilrahmen übertragen (siehe Seite 58). Mit Acrylfarbe in Nachtblau ausmalen. Trocknen lassen.

3. Den Schmetterling mit Blob-Farbe gestalten. Dabei mit den großen Blobs beginnen. Kopfumriss und Fühler entstehen aus kleinen Blobs.

4. Wenn alle großen und mittleren Blobs vollständig angelegt und getrocknet sind, werden die Zwischenräume mit Mini-Blobs, goldenen Schnörkeln, die mit dem Lackstift aufgetragen werden, und Glitter gefüllt. Für die Mini-Blobs die Feindüse des Glitzerglücks nutzen, diese passt auch auf die Blob-Flaschen.

SPIELEN MIT MUSTERN, GLITTER UND EFFEKTEN

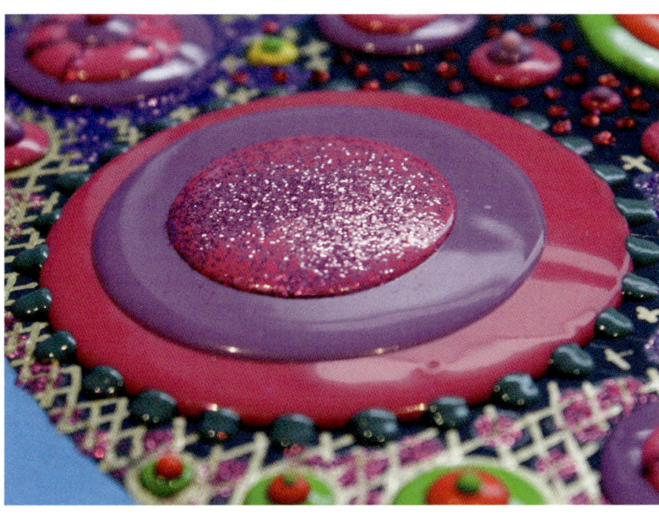

Für glitternde Blobs kann Streuglitter auf die noch nasse Farbe gestreut werden, das ergibt eine flächig glitzernde Oberfläche.

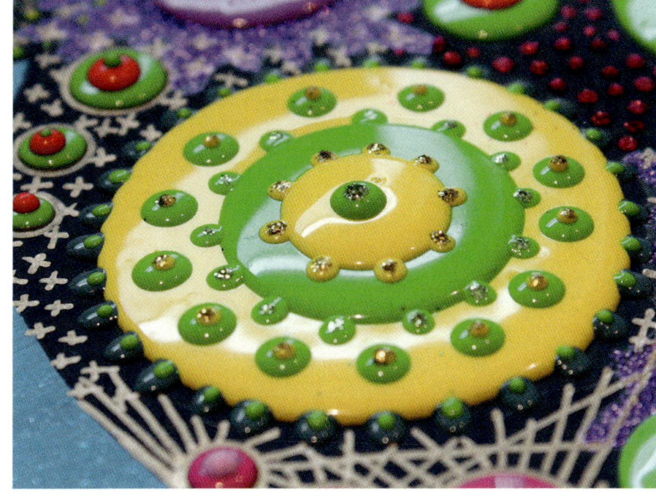

... diese lassen sich aber ebenso mit Blob-Farbe gestalten – dafür die Feindüse des Glitzerglücks nutzen.

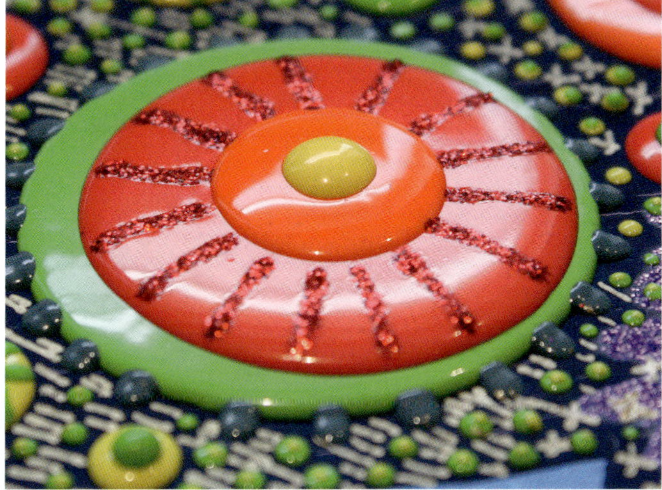

Punkte und Linien können mit German Glitter aufgemalt werden ...

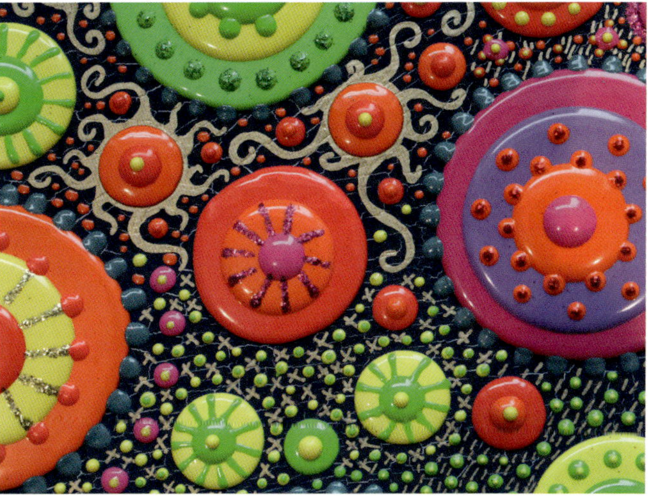

Den Lackstift immer erst benutzen, wenn alle Blobs vollständig getrocknet sind.

Deko und Objekte

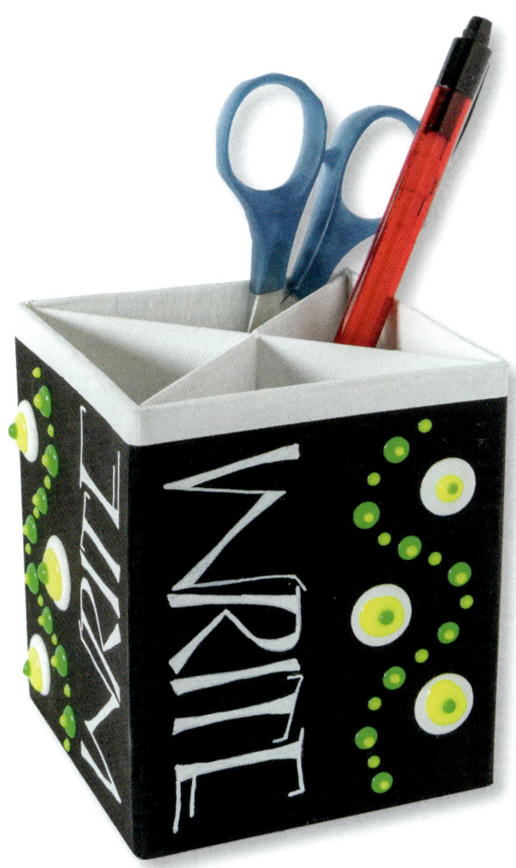

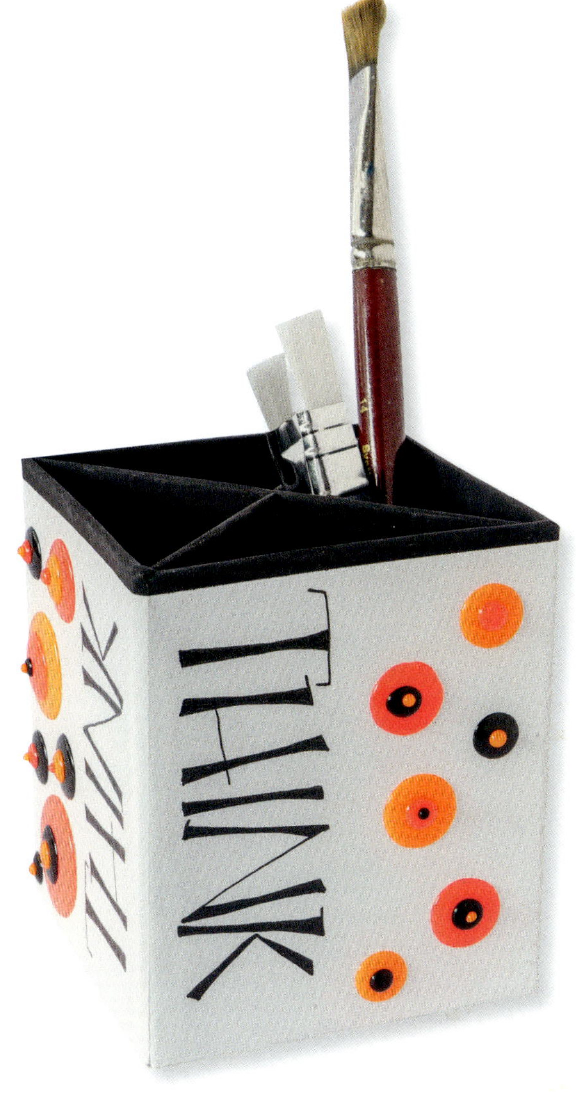

Material:

Pappmaschee Stiftebox
(ca. 10 cm x 8,5 cm)
Acrylfarbe in Weiß und Schwarz
Lackstift in Schwarz und Weiß
Material zum Übertragen
der Vorlage (Seite 58)

Blob-Farben:

* Neon Gelb
* Neon Orange
* Neon Pink
* Neon Grün
* Schwarz
* Weiß

STIFTEBOX

1. Die Stiftebox wahlweise mit schwarzer oder weißer Acrylfarbe grundieren. Damit der obere Streifen an der Stiftebox akkurat verläuft, kann er beim Grundieren mit Malerkrepp abgeklebt werden. Trocknen lassen.

2. Den Schriftzug gemäß Vorlage auf die Box übertragen (siehe Seite 58) und mit den Lackstiften aufmalen.

3. Die Box auf die Seite kippen und Seite für Seite mit Blob-Farbe gestalten, wie in der Grundanleitung auf Seite 6 beschrieben. Damit die Box nicht wackelt oder die Blobs sich platt drücken, die Box auf Füßchen stellen.

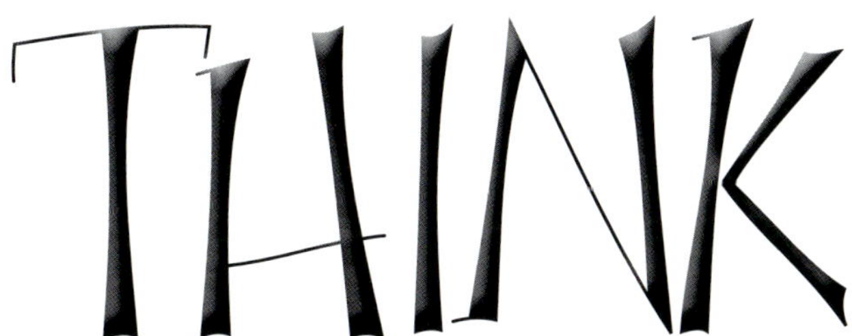

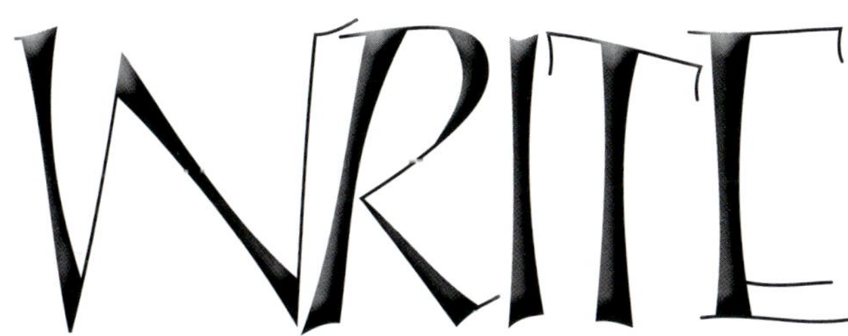

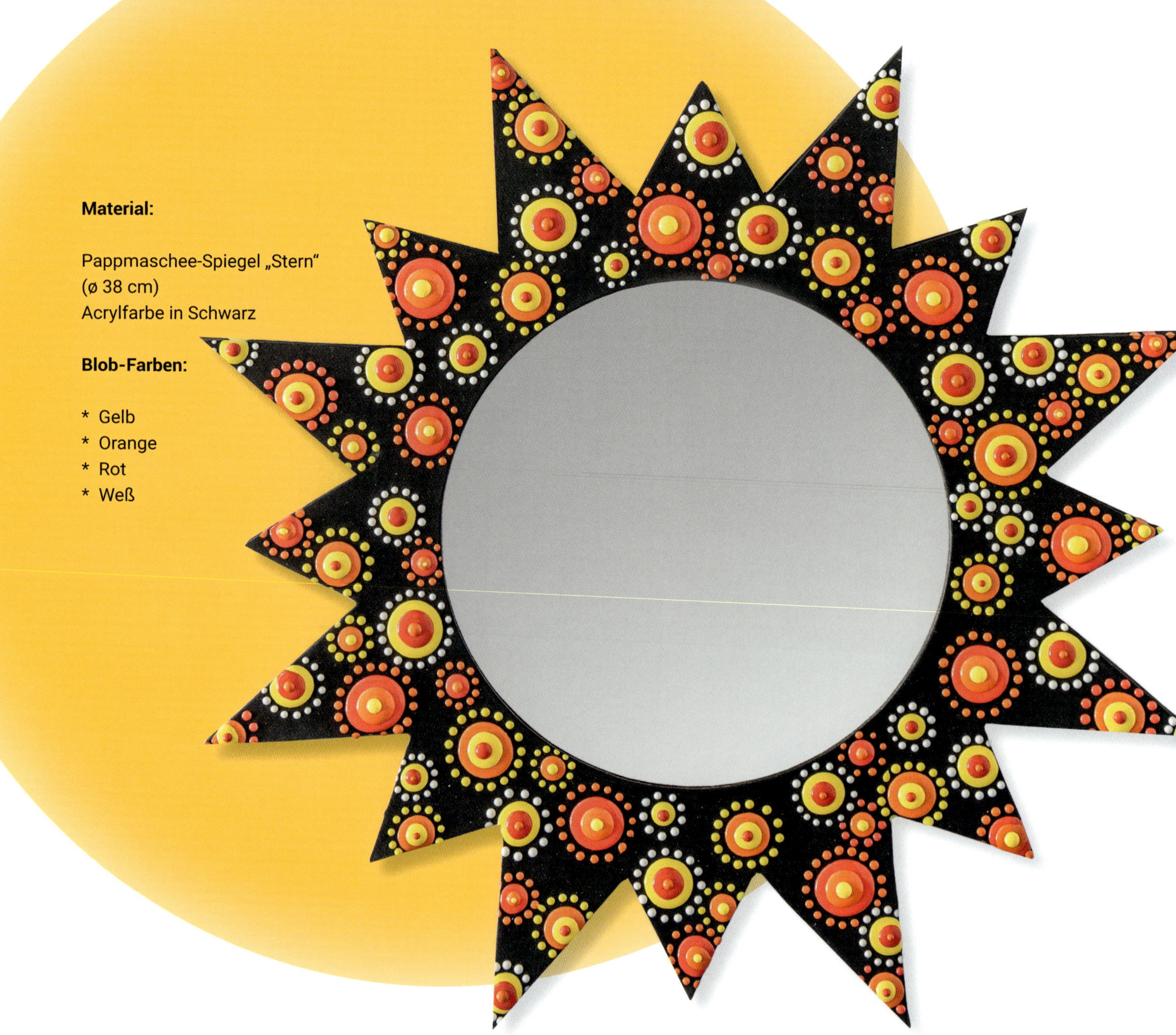

Material:

Pappmaschee-Spiegel „Stern“
(ø 38 cm)
Acrylfarbe in Schwarz

Blob-Farben:

* Gelb
* Orange
* Rot
* Weß

SPIEGEL

1. Den Pappmaschee-Stern mit schwarzer Acrylfarbe grundieren und trocknen lassen.

2. Den Rahmen mit Blob-Farben gestalten, wie in der Grundanleitung auf Seite 6 beschrieben. Sollte etwas Farbe auf den Spiegel geraten, kann diese nach dem Trocknen mit einem Zahnstocher abgeschabt werden.

TIPP
Die Farbe darf an den Kanten ruhig nach unten laufen. Allerdings soll diese Schicht relativ dünn sein, weshalb hier auch keine zusätzliche Farbe für den Rand dazugegeben wird.

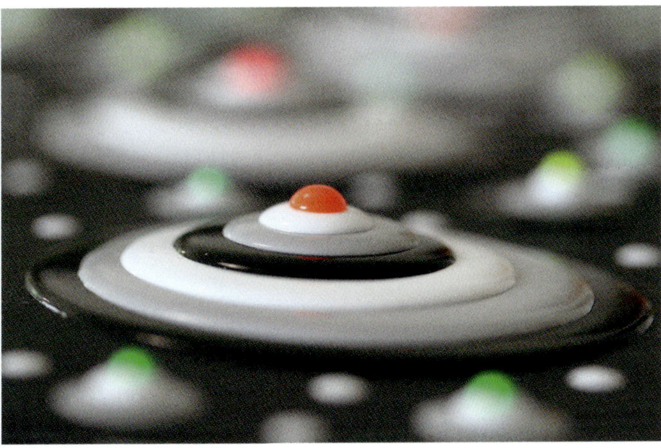

SAMMELMAPPE

1. Vorder-, Rückseite und Kanten der Sammelmappe mit schwarzer Acrylfarbe grundieren. Nach dem Trocknen mit Sprühlack überziehen.

2. Die Mappenvorderseite gemäß Abbildung mit Blob-Farben gestalten. Dabei gemäß Grundanleitung auf Seite 6 vorgehen. Damit die großen Blobs gleichmäßig rund werden, darauf achten, dass die Klappe wirklich flach liegt – notfalls sollte sie mit Gewichten beschwert werden.

Material:

Sammelmappe aus dickerer Pappe (oder dünner Wellpappe, 23,5 cm x 32 cm)
Acrylfarbe in Schwarz
Sprühlack, matt

Blob-Farben:

* Schwarz
* Weiß
* Grau
* Neon Orange
* Neon Pink
* Neon Gelb
* Neon Grün

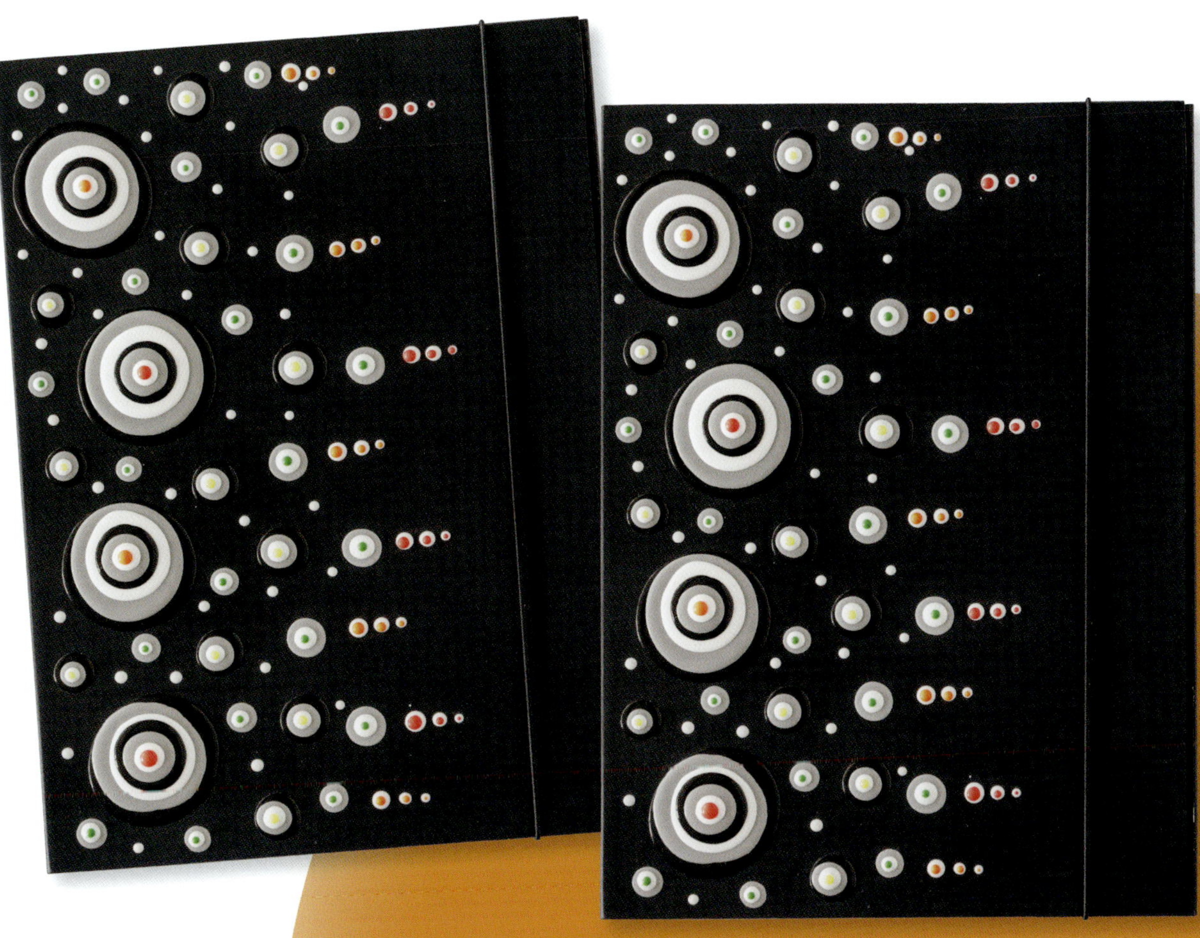

Material:

Flitter in Neonfarben
Klarsichthülle
Keramik-Lampenfuß mit Fassung und (kleinerem) Schirm
Lampenschirmfolie
Tacky Tape
Material zum Übertragen der Vorlage (Seite 58)

Blob-Farben:

* Weiß
* Grau
* Neon-Orange
* Neon-Gelb
* Neon-Grün

Für das Pouring:

Pouring Medium Fluid
Acrylfarbe in Schwarz, Weiß und Grau
Metallic Effect für Pouring in Stahl und Silber
weiteres Material s. „Pouring-Grundlagen"

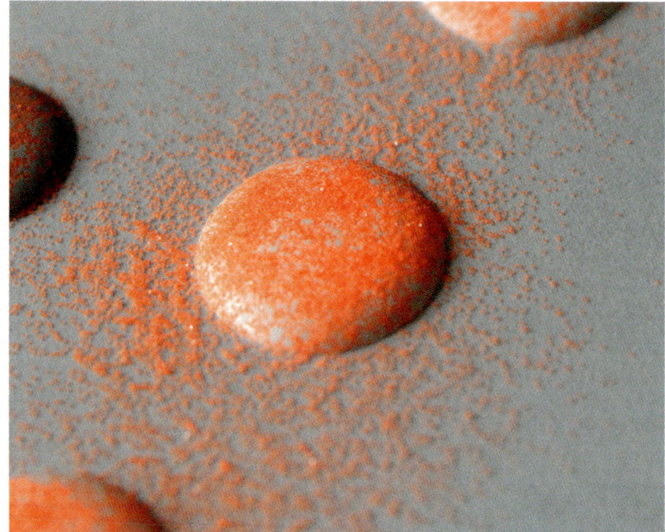

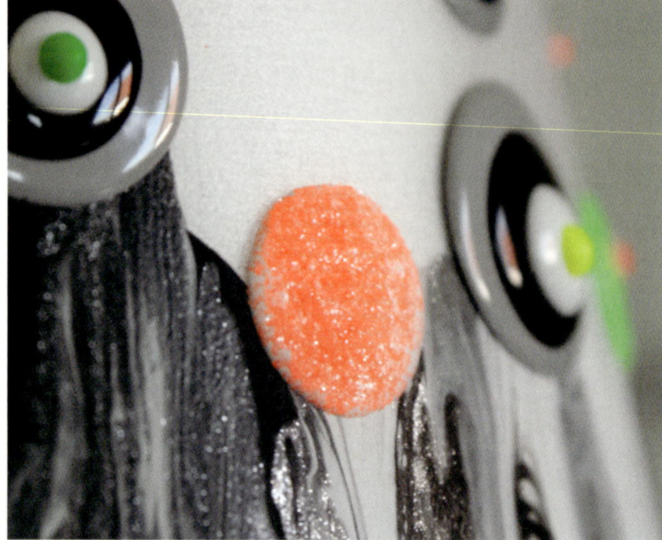

TISCHLAMPE

1. Den Schnitt für den Lampenschirm vom bestehenden Schirm abnehmen. Dazu den Schirm auf einen Bogen Papier (evtl. eine Zeitungs-Doppelseite) legen. Nun oben und unten jeweils eine Markierung anbringen, den Schirm ohne zu verrutschen ein paar Zentimeter weiterrollen, wieder oben und unten Markierungen anbringen usw. Den fertigen Schnitt zur Kontrolle um den Lampenschirm legen. In der Länge unten bei Bedarf 3–4 cm dazugeben.

2. Den Schnitt auf Lampenschirmfolie übertragen und ausschneiden. Mit Tacky Tape zu einer „Röhre" zusammenkleben und über den bestehenden Schirm stecken. Die Oberkanten sollten bündig abschließen. Diesen Schirm für das Pouring zum Beispiel auf eine Flasche stecken.

3. Die Acryl-Farbmischung für das Pouring anrühren (siehe Seite 20) und in einen großen Mischbecher füllen. Den Lampenschirm etwa auf Höhe der Mitte ringsherum mit leichten Auf- und Abbewegungen mit dem Pouring begießen. Anschließend etwa 1 Tag trocknen lassen.

4. Die Blobs auf die Klarsichthülle aufbringen, wie in der Grundanleitung auf Seite 6 beschrieben.

Für die großen Neon-Blobs werden weiße Blobs direkt nach dem Auftragen mit Flitter in Neonfarben bestreut.

5. Für die Doppelblobs auf dem Lampenfuß wurden je ein größerer und ein kleinerer grauer Blob so dicht nebeneinandergesetzt, dass sie ineinanderlaufen. Die Blobs vollständig durchtrocknen lassen.

6. Die Blobs von der Klarsichthülle abziehen und auf Lampenschirm und -fuß aufbringen.

Achtung:
Die Position der Blobs kann auf der Pouringschicht nicht mehr korrigiert werden, da die Schicht sonst mit abreißt.

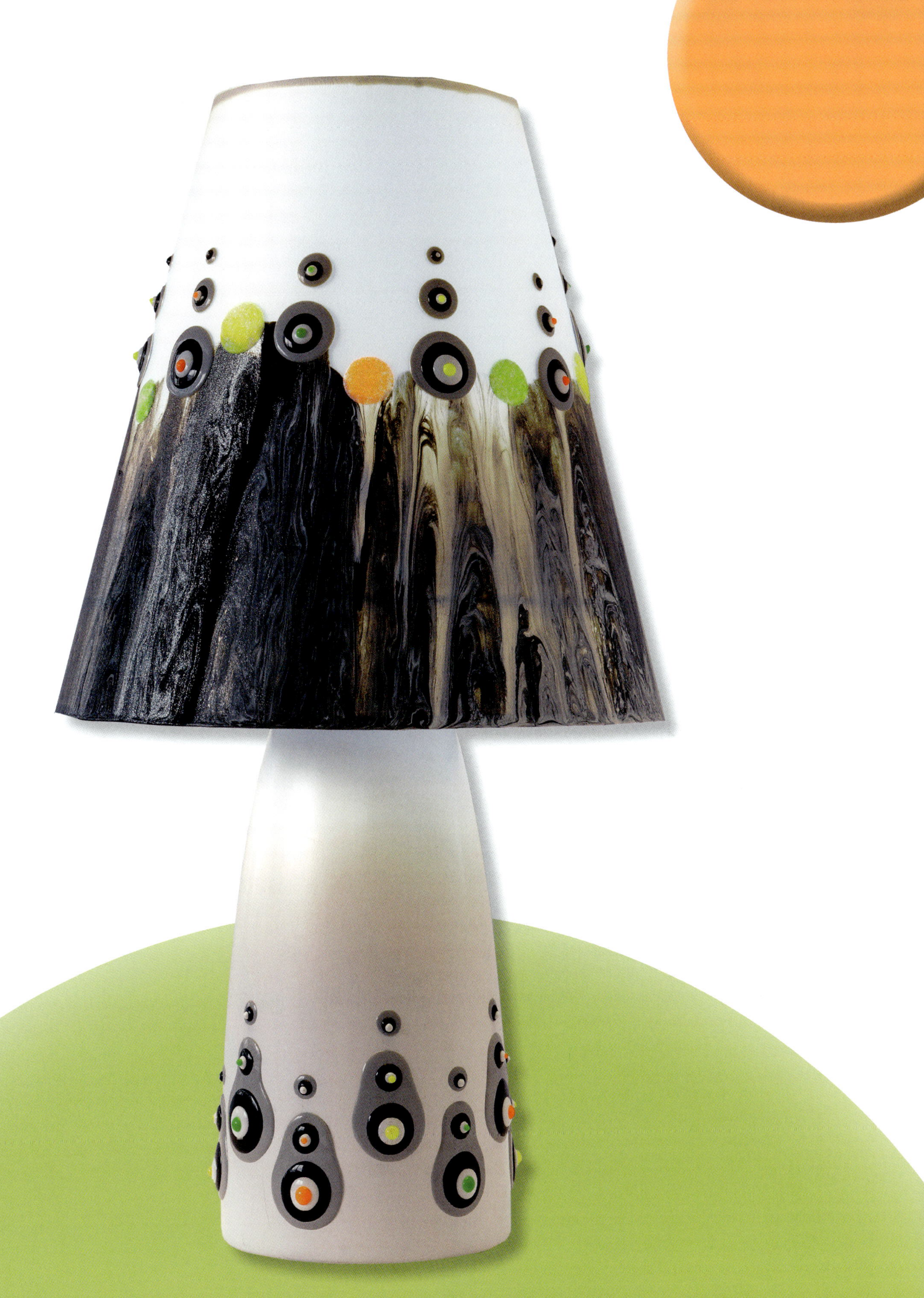

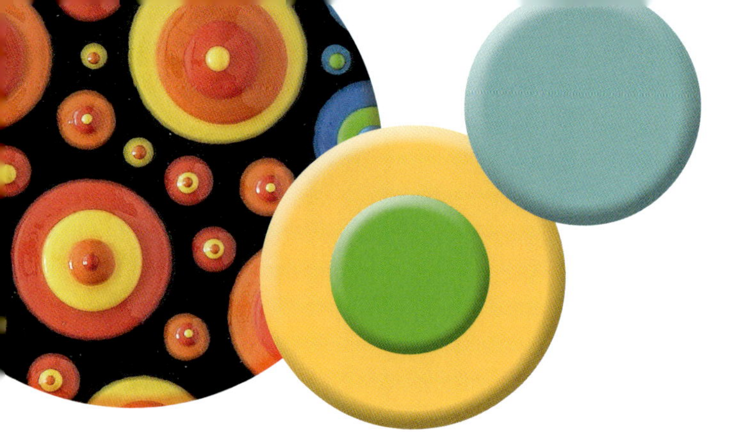

Material:

Acrylfarbe in Schwarz
Holzbrett in gewünschter Größe (ca. 45 cm x 45 cm)
Stichsäge (Sägeblatt für feine Kurven)
feines Schleifpapier
Resin
weiteres Material siehe „Versiegeln", Seite 9

Blob-Farben:

* Hellblau
* Hellgrün
* Rot
* Orange
* Gelb

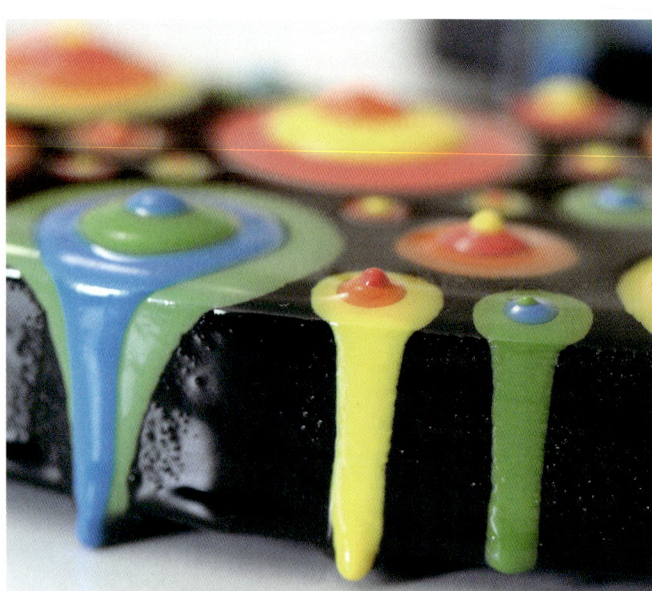

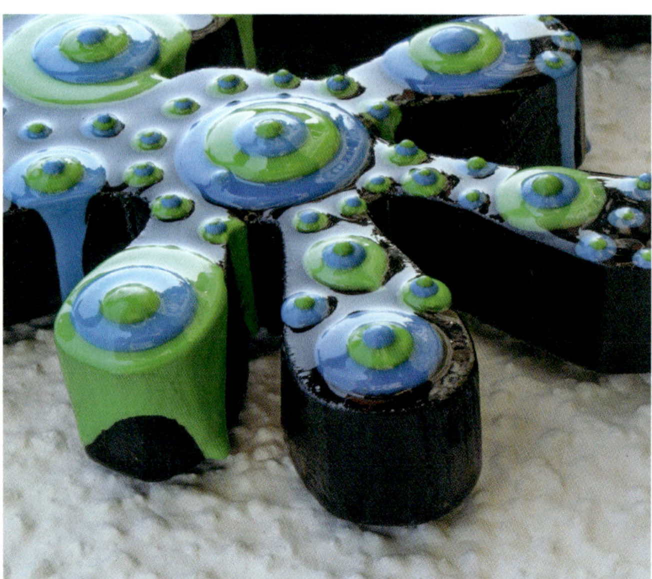

WANDGECKO

1. Die Vorlage von Seite 59 auf die gewünschte Größe vergrößern und auf das Holzbrett übertragen (siehe Seite 58). Das Motiv mit der Stichsäge aussägen. Kanten und Oberflächen glatt schleifen.

2. Den Gecko mit schwarzer Acrylfarbe grundieren. Dabei auch die Kanten bemalen. Die Farbe trocknen lassen.

3. Den Gecko auf Füßchen stellen und mit Blob-Farben gestalten, wie in der Grundanleitung auf Seite 6 beschrieben. Dabei die Farben auch über die Kanten hinaus verlaufen lassen. Trocknen lassen.

4. Um den Gecko, zum Beispiel für den Außenbereich, widerstandsfähiger zu machen, die gesamte Figur mit Resin übergießen (siehe Seite 9). Dazu den Gecko auf Füßchen in eine Wanne oder Schachtel stellen, damit das Resin seitlich abtropfen kann. Mit dem herabgetropften Resin die Seitenflächen vollständig bedecken, dafür die Finger (Handschuhe!) benutzen.

TIPP

Der Gecko wirkt besonders harmonisch, wenn er einem Farbkonzept folgt. Dies kann, wie hier, die Farben von Körper und Extremitäten unterscheiden – so kommt die Krümmung des Geckos sehr schön zum Vorschein und er wirkt schlanker. Ebenso vorstellbar wäre ein Regenbogenfarbverlauf vom Kopf in Richtung Schwanz – ohne eine Unterscheidung zwischen Körper und Extremitäten würde der Gecko etwas flächiger wirken.

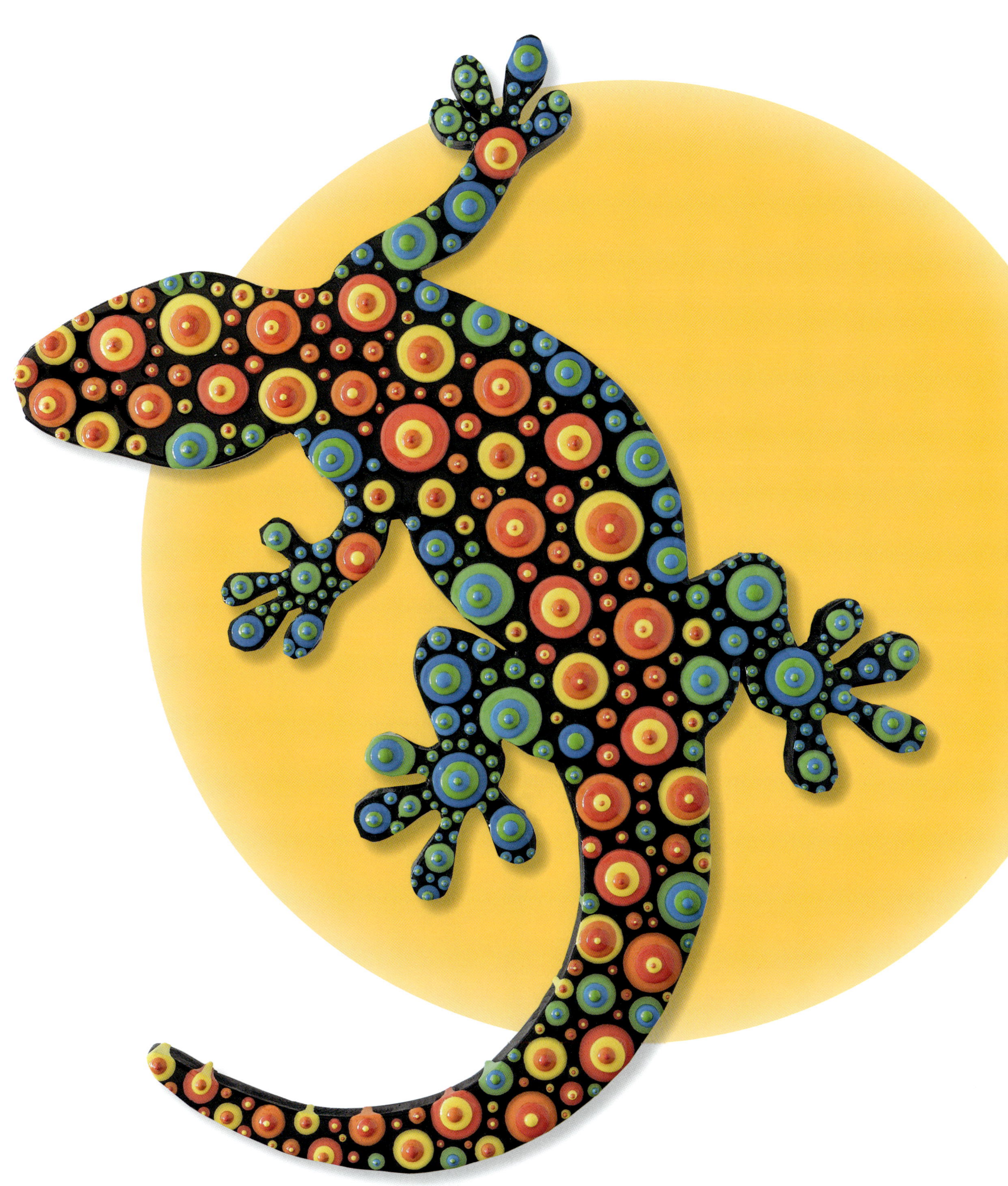

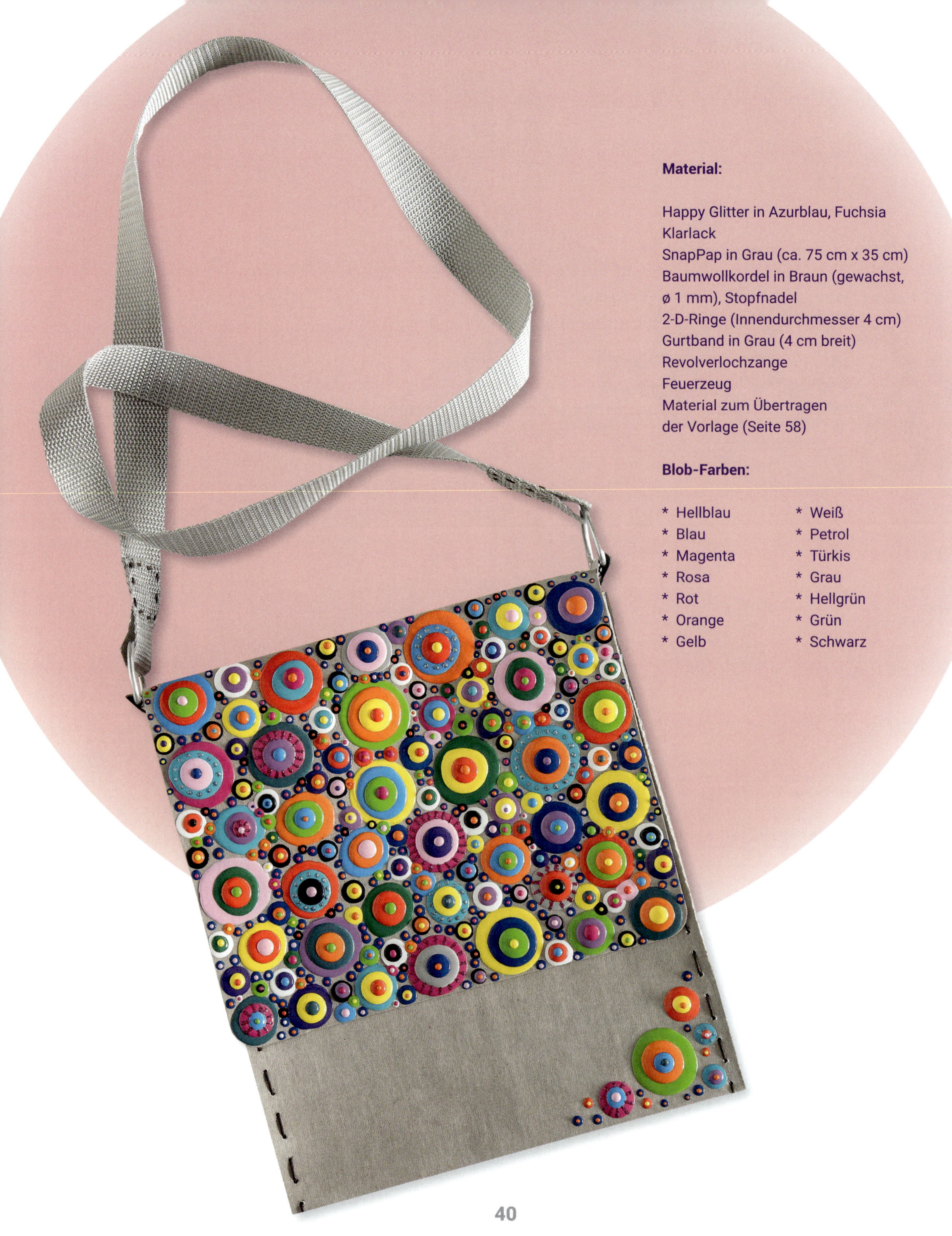

Material:

Happy Glitter in Azurblau, Fuchsia
Klarlack
SnapPap in Grau (ca. 75 cm x 35 cm)
Baumwollkordel in Braun (gewachst, ø 1 mm), Stopfnadel
2-D-Ringe (Innendurchmesser 4 cm)
Gurtband in Grau (4 cm breit)
Revolverlochzange
Feuerzeug
Material zum Übertragen der Vorlage (Seite 58)

Blob-Farben:

* Hellblau
* Blau
* Magenta
* Rosa
* Rot
* Orange
* Gelb
* Weiß
* Petrol
* Türkis
* Grau
* Hellgrün
* Grün
* Schwarz

UMHÄNGETASCHE

1. Den Taschenzuschnitt von Seite 60 gemäß Schemazeichnung auf Seite 60 aus SnapPap herstellen. Den Schnitt für das Taschenseitenteil entsprechend vergrößern. Auf SnapPap übertragen (siehe Seite 58). Alle Teile ausschneiden und an den Markierungspunkten Löcher stanzen.

2. Alle Teile auf der Außenseite mit Klarlack grundieren, trocknen lassen.

3. Die Klappe der Tasche und die darunter sichtbare Vor-derseite mit Blob-Farben bemalen, wie in der Grundanleitung auf Seite 6 beschrieben. Trocknen lassen. Einige Blobs mit Glitterlinien verzieren.

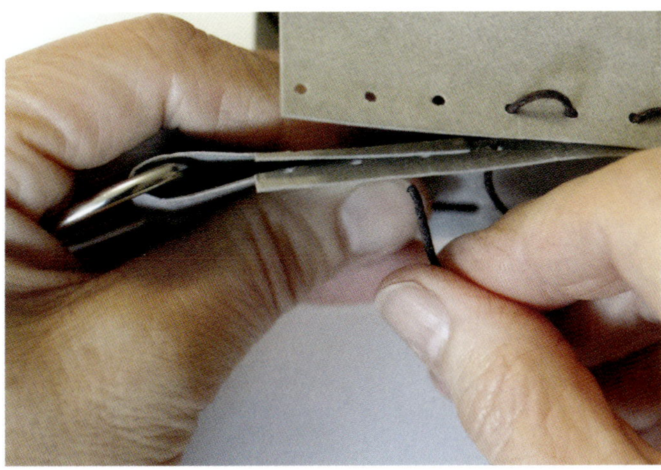

4. Die Taschenteile mit der Baumwollkordel mit Vorstichen zusammennähen. Dabei jeweils das oben seitlich an der Tasche überstehende Ende der Seitenwand durch den D-Ring fädeln und nach innen umschlagen. Den Umschlag so mit einnähen.

TIPP
Natürlich können die Blobs auch auf eine bestehende Tasche aufgemalt werden. Dafür aber unbedingt an einer unsichtbaren Stelle einen Probeblob aufbringen und testen, wie sich die Farbe verhält, oder ob sich der Blob nach dem Trocknen wieder ablöst. Außerdem muss sich die zu bemalende Fläche zwingend absolut waagerecht platzieren lassen – sonst werden die Blobs nicht rund und die Farbe verläuft unkontrolliert.

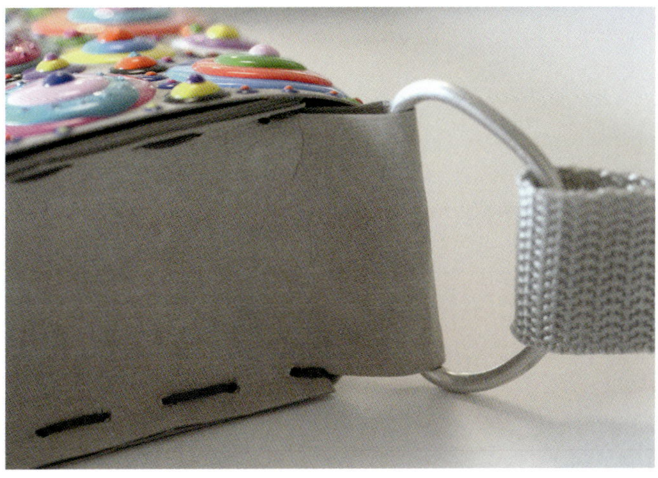

5. Gurtband auf die gewünschte Länge zuschneiden und durch die D-Ringe stecken. Umschlagen und festnähen. Die Schnittkanten zuvor mit einem Feuerzeug versiegeln, damit sich das Band nicht aufribbelt.

Mit Glitter werden die Blobs zum Funkeln gebracht!

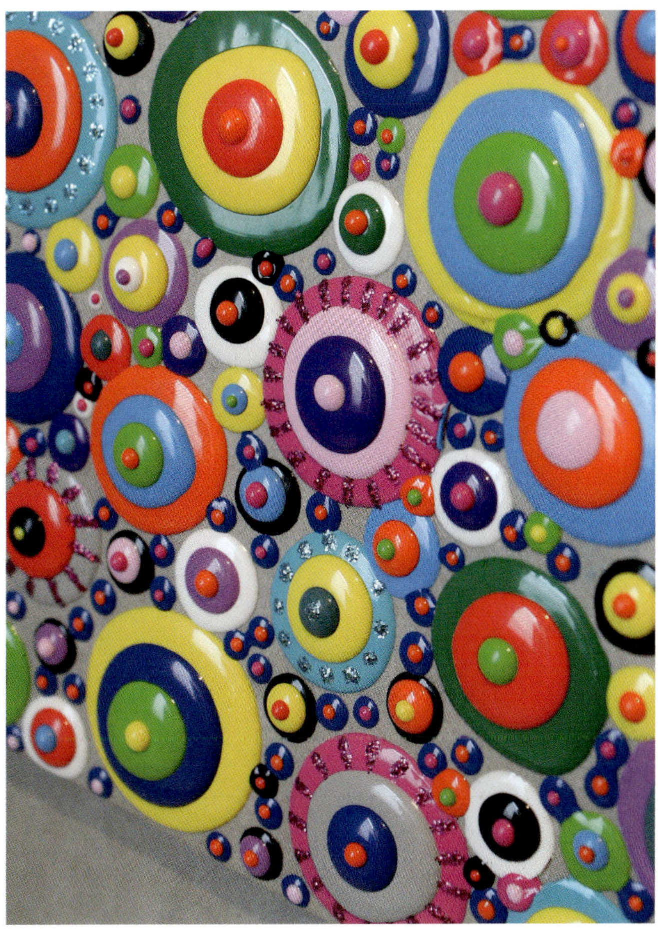

WINDLICHTER

1. Pro Windlicht einen Streifen Lampenfolie in gewünschter Höhe (hier 8,5 cm, 15 cm und 18 cm) und Länge (31–34 cm) zuschneiden. Damit haben die fertigen Lichter einen Durchmesser von 9–10 cm.

2. An den Schmalseiten etwa 1 cm von der Außenkante entfernt Löcher für die Druckknöpfe stanzen. Sie sollten mindestens 2 cm und höchstens 5 cm auseinanderliegen.

3. Den gewünschten Schriftzug oder das Herz von Seite 59, wie angegeben, vergrößern, unter den Folienstreifen legen und an den Außenkonturen entlang mit dem feinen Lackmalstift nachziehen. Die Innenflächen ausmalen.

4. Die Blobs mit Window Color-Farben setzen. Nach dem Trocknen jeweils einen zweiten Blob aufbringen.

5. Die Druckknöpfe einsetzen und den Streifen damit zu einem Zylinder verschließen.

TIPP
Sollten einzelne Blobs beim Schließen der Röhren abspringen (dies kann insbesondere bei Kälte passieren), können sie mit Alleskleber erneut befestigt werden.

Material:

Window Color-Farbe in Rot- und Blautönen
Lampenfolie (0,3 mm dick)
Camsnaps (Kunststoffdruckknöpfe) in Rot- und Blautönen
Befestigungszange
Lochzange
Lackmalstifte in Schwarz, Extrafein (0,8 mm) und 1–2 mm
evtl. Alleskleber
weiteres Material s. „Vorlagen übertragen“

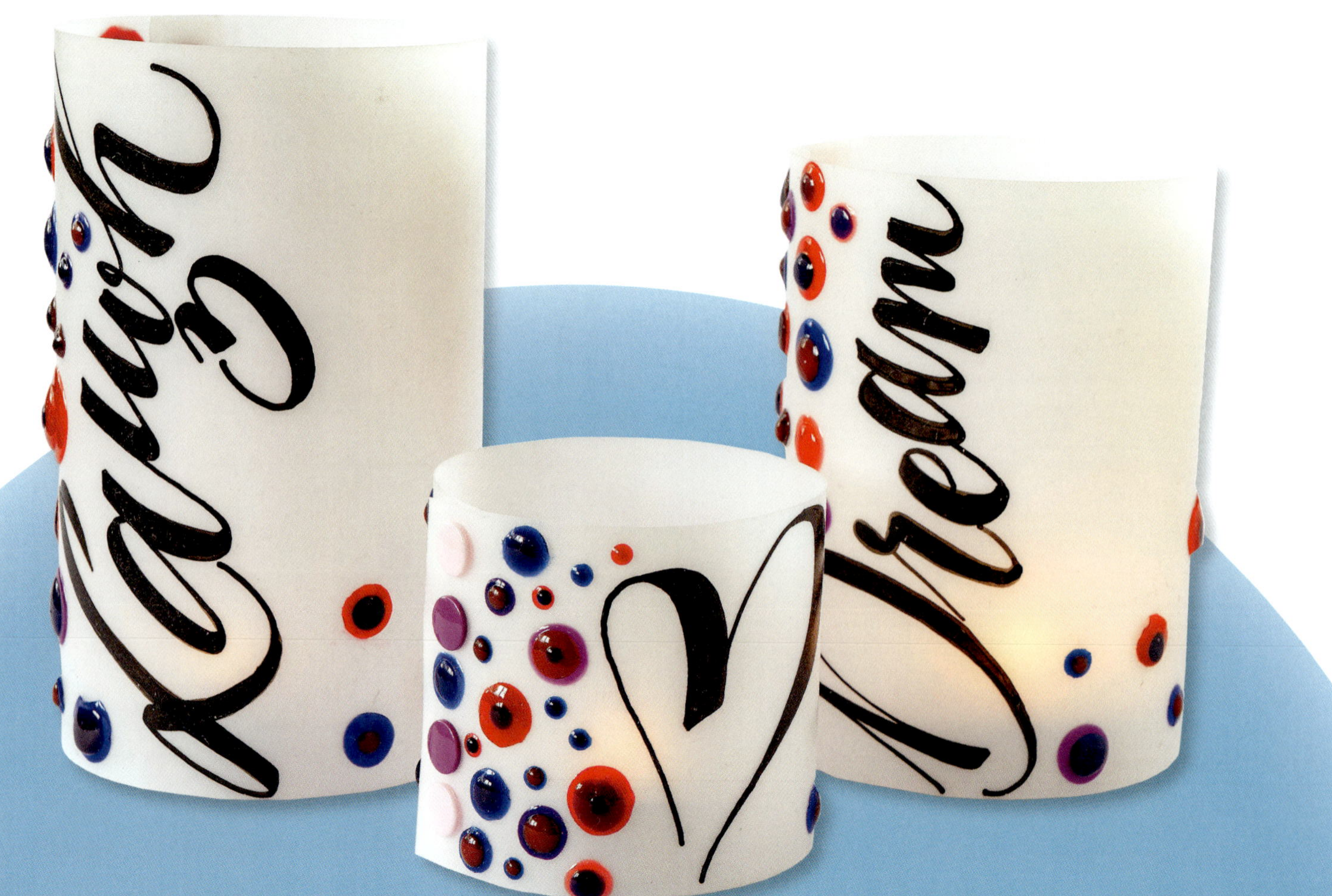

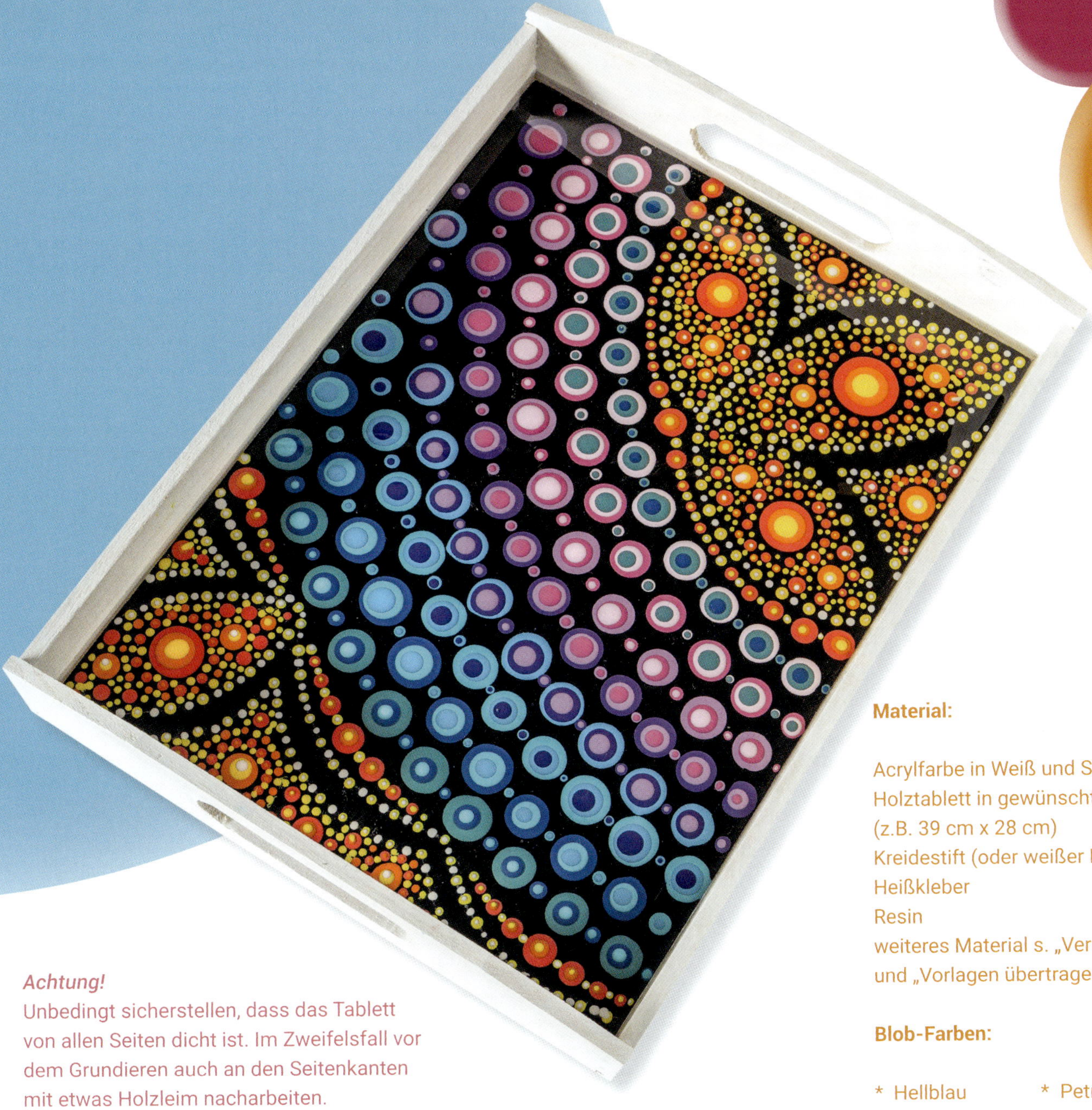

Material:

Acrylfarbe in Weiß und Schwarz
Holztablett in gewünschter Größe (z.B. 39 cm x 28 cm)
Kreidestift (oder weißer Buntstift)
Heißkleber
Resin
weiteres Material s. „Versiegeln" und „Vorlagen übertragen"

Blob-Farben:

* Hellblau
* Blau
* Violett
* Lila
* Magenta
* Rosa
* Petrol
* Türkis
* Rot
* Orange
* Gelb
* Weiß

Achtung!
Unbedingt sicherstellen, dass das Tablett von allen Seiten dicht ist. Im Zweifelsfall vor dem Grundieren auch an den Seitenkanten mit etwas Holzleim nacharbeiten.

TABLETT

1. Das Tablett von unten an allen Stößen mit Heißkleber abdichten. Komplett mit verdünnter weißer Acrylfarbe grundieren, trocknen lassen.

2. Den Boden innen schwarz streichen. Trocknen lassen.

3. Die Vorlage für das Blob-Muster von Seite 63 auf das Tablett übertragen, wie auf Seite 58 beschrieben. Dabei nur ganz zarte Kreidelinien zeichnen.

4. Das Tablett gemäß Grundanleitung von Seite 6 mit Blob-Farben gestalten. Nach dem vollständigen Trocknen mit Resin ausgießen (s.Seite 9). Die Blobs sollen ganz bedeckt sein.

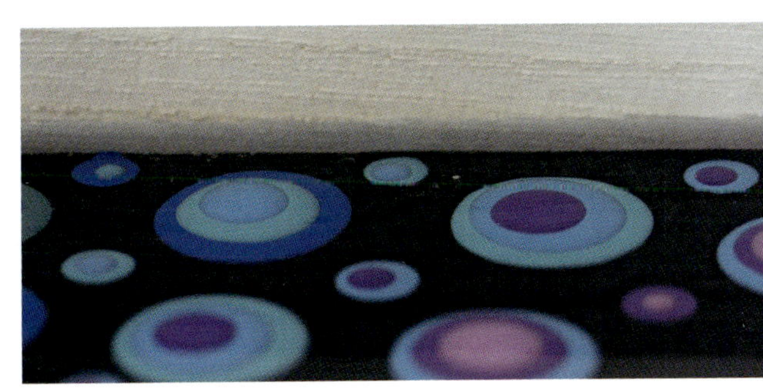

WACKELSCHWEIN

1. Den Tapetenkleister gemäß Herstellerangabe relativ dick anrühren. Das Seidenpapier in 3–5 cm große Stücke reißen. Etwas Tapetenkleister mit den Fingern auf das Schwein streichen, Seidenpapier auflegen und feststreichen. Kopf und Körper des Schweines so ganzflächig und jeweils überlappend mit einer Schicht mit Seidenpapier umkleiden. Trocknen lassen (das kann 2–3 Tage dauern), dann mit Klarlack überziehen.

2. Blobs von 5–15 mm Durchmesser auf die Klarsichthülle setzen. Gemusterte Blobs entstehen, indem Punkte in anderen Farben in den noch nassen Blob gesetzt werden. Durch Verziehen mit einem Zahnstocher können so Herzen, Sterne, Blumen etc. gestaltet werden. Unifarbene Blobs nach Belieben mit Silberflitter bestreuen.

Achtung!
Damit der Kopf nicht zu unruhig wirkt, werden hier keine gemusterten, sondern aus zwei Lagen aufgebaute Miniblobs aufgebracht.

3. Für die Augen zuerst einen schwarzen Blob setzen. So viel Weiß in die noch nasse Farbe geben, bis nur noch ein schmaler, schwarzer Rand sichtbar ist. Die schwarze Pupille ebenfalls in die noch nasse weiße Farbe setzen.

4. Die Blobs trocknen lassen. Von der Klarsichthülle abnehmen und auf dem Schwein platzieren. Mit sanftem Druck befestigen. Sollten einzelne Blobs wieder abfallen, diese mit Alleskleber fixieren.

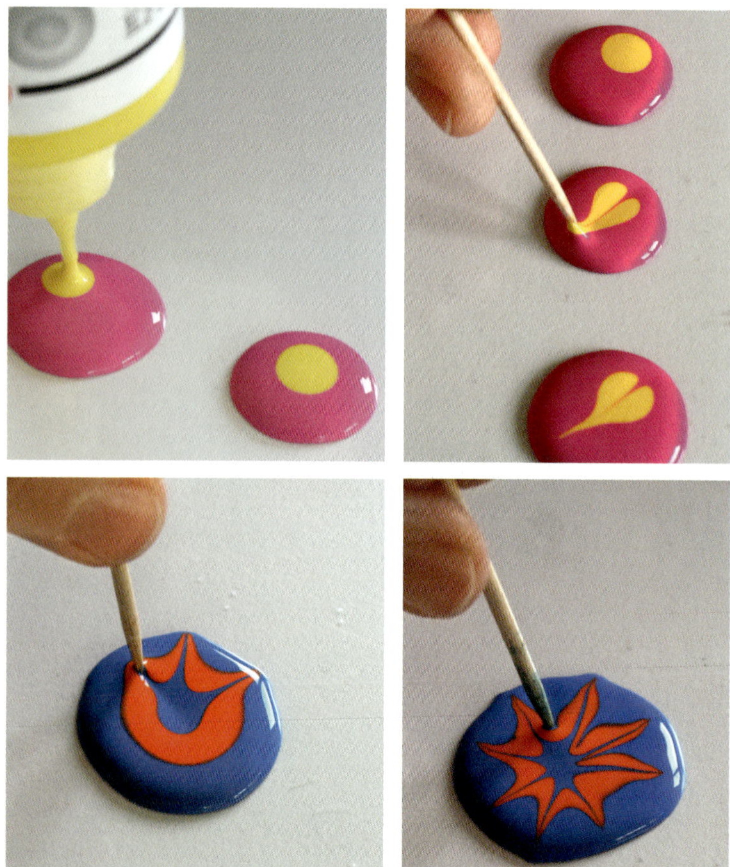

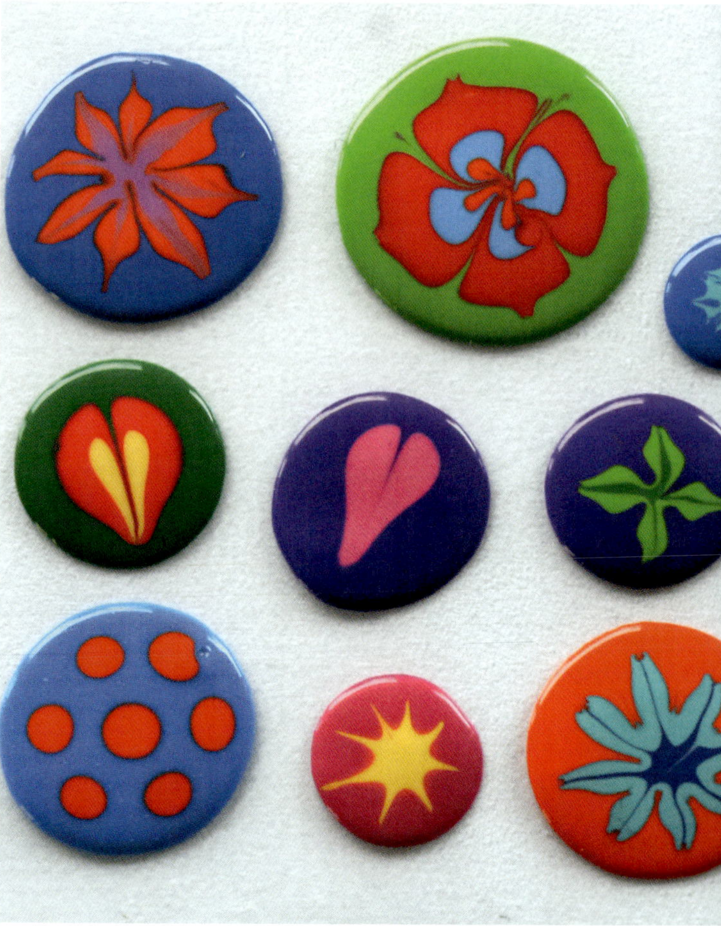

Material:

Wackelschwein aus Pappmaschee
Seidenpapier in Schwarz mit Glitter
Tapetenkleister
Klarlack
evtl. Silberflitter
Klarsichthülle
Zahnstocher
evtl. Alleskleber

Blob-Farben:

* nach Belieben

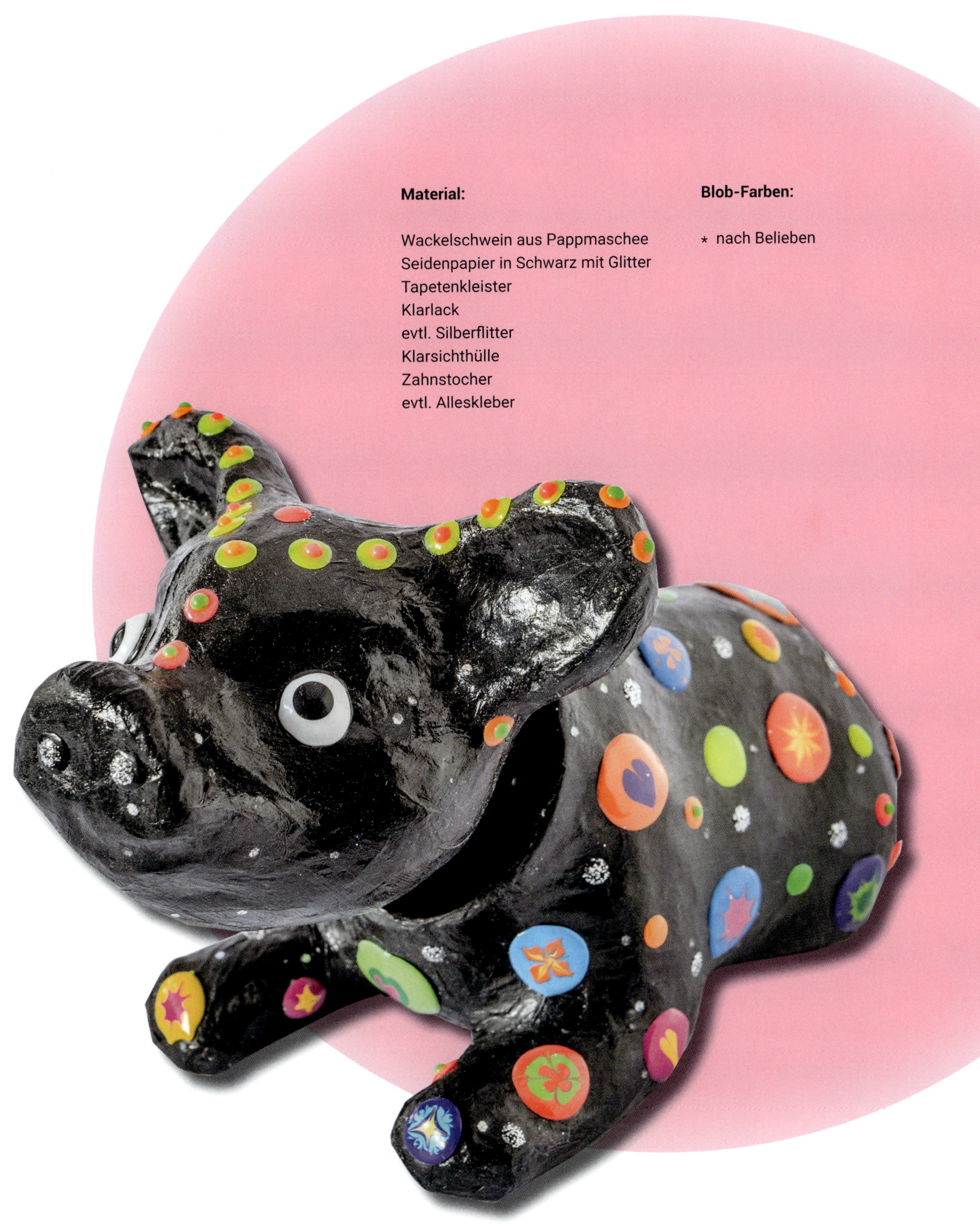

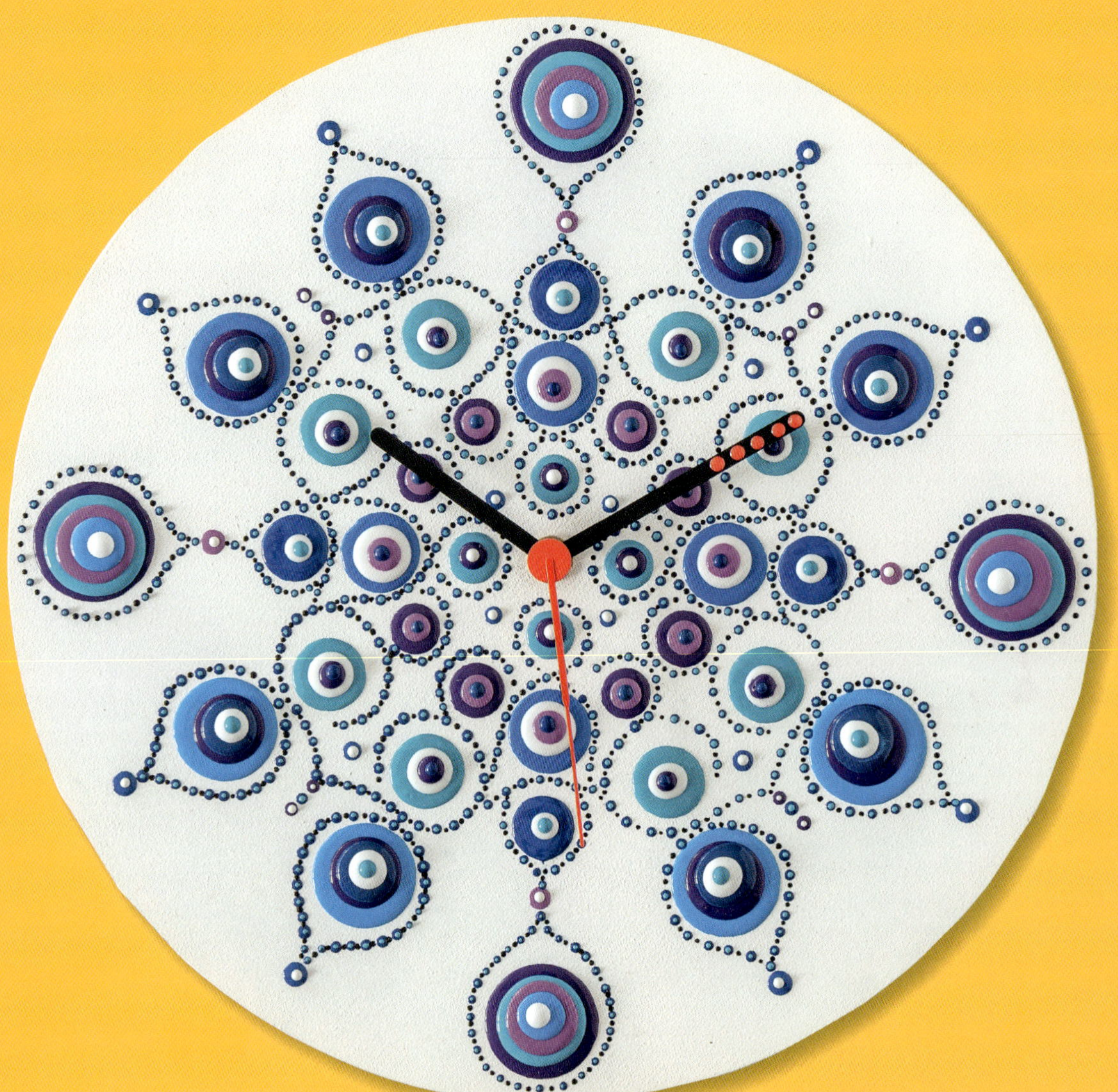

Material:

Bausatz für eine Uhr
Acrylfarbe in Weiß
Feindüse
evtl. Moosgummirest
(2 mm dick)
Material s. „Vorlagen übertragen"

Blob-Farben:

* Violett
* Lila
* Hellblau
* Blau
* Türkis
* Weiß
* Rot

WANDUHR

1. Die Holzscheibe mit weißer Acrylfarbe grundieren, trocknen lassen.

2. Die Vorlage für die Uhr von Seite 62 auf die benötigte Größe vergrößern. Dabei sollte die angezeichnete Seitenlänge des Schnitts dem Radius der Uhrenscheibe entsprechen. Die vergrößerte Zeichnung viermal kopieren und zu einem Kreis zusammensetzen.

3. Die Zeichnung zart auf die Uhrenscheibe übertragen, wie auf Seite 58 beschrieben.

4. Die Uhr gemäß Grundanleitung auf Seite 6 mit Blob-Farbe gestalten. Ganz am Schluss mit blauen Mini-Blobs die Linien formen, dafür die Feindüse benutzen.

5. Die Uhr gemäß Herstellerangabe montieren. Sollten die Blobs zu hoch aufgebaut und damit der Abstand zwischen Zeiger und Blob zu gering sein, statt der im Bausatz beigelegten Moosgummischeibe eine dünnere benutzen. Dafür die vorhandene Scheibe auf einen dünnen Moosgummirest legen, die Umrisse übertragen und ausschneiden. Anschließend die Uhr mit der neuen, dünneren Scheibe montieren.

6. Den großen Zeiger mit roten Blob-Punkten schmücken.

FALTSCHACHTELN

1. Die Vorlage von Seite 61 auf die gewünschte Größe vergrößern und, wie auf Seite 58 beschrieben, auf den Lackkarton übertragen. Die Faltschnitte ausschneiden und die gestrichelten Linien mit dem Falzbein vorfalzen.

2. Die Schachteln montieren. Dafür zunächst die Außenwände nach oben knicken und an den Klebelaschen zusammenkleben. Anschießend die oben überstehenden Streifen der Seitenwände nach innen falten und festkleben.

3. Den Schachteldeckel so auf geeignete Abstandhalter stellen (kleine Schachtel oder Marmeladenglas), dass der Deckelrand nicht auf dem Untergrund aufliegt.

4. Den Schachteldeckel mit Blob-Farbe bemalen, wie in der Grundanleitung auf Seite 6 beschrieben. Dabei die Blobs über die Kanten nach unten verlaufen lassen.

5. Auf einige größere Blobs eine Wachsperle setzen. Dafür einen kleinen Farbpunkt auf die Blob-Mitte geben und die Perle einlegen. Nach dem Trocknen kann noch ein kleiner Farbpunkt auf die Perle gesetzt werden.

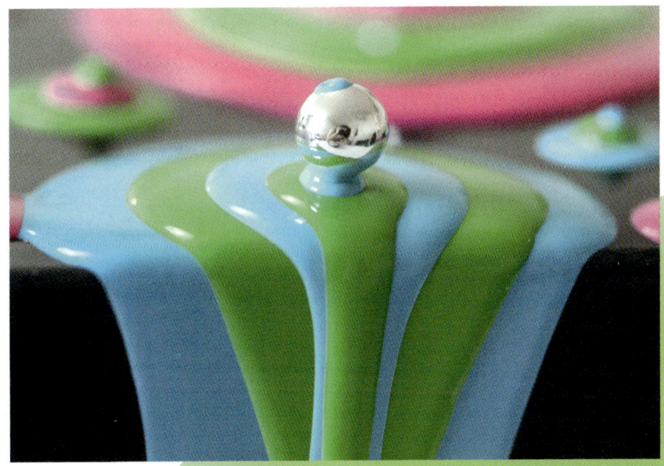

Material:

Wachsperlen in Silber (ø 6 mm)
Lackkarton in Schwarz und Silber
Tacky Tape
Falzbein
Material siehe „Vorlagen übertragen“

Blob-Farben:

* Türkis
* Hellgrün
* Magenta

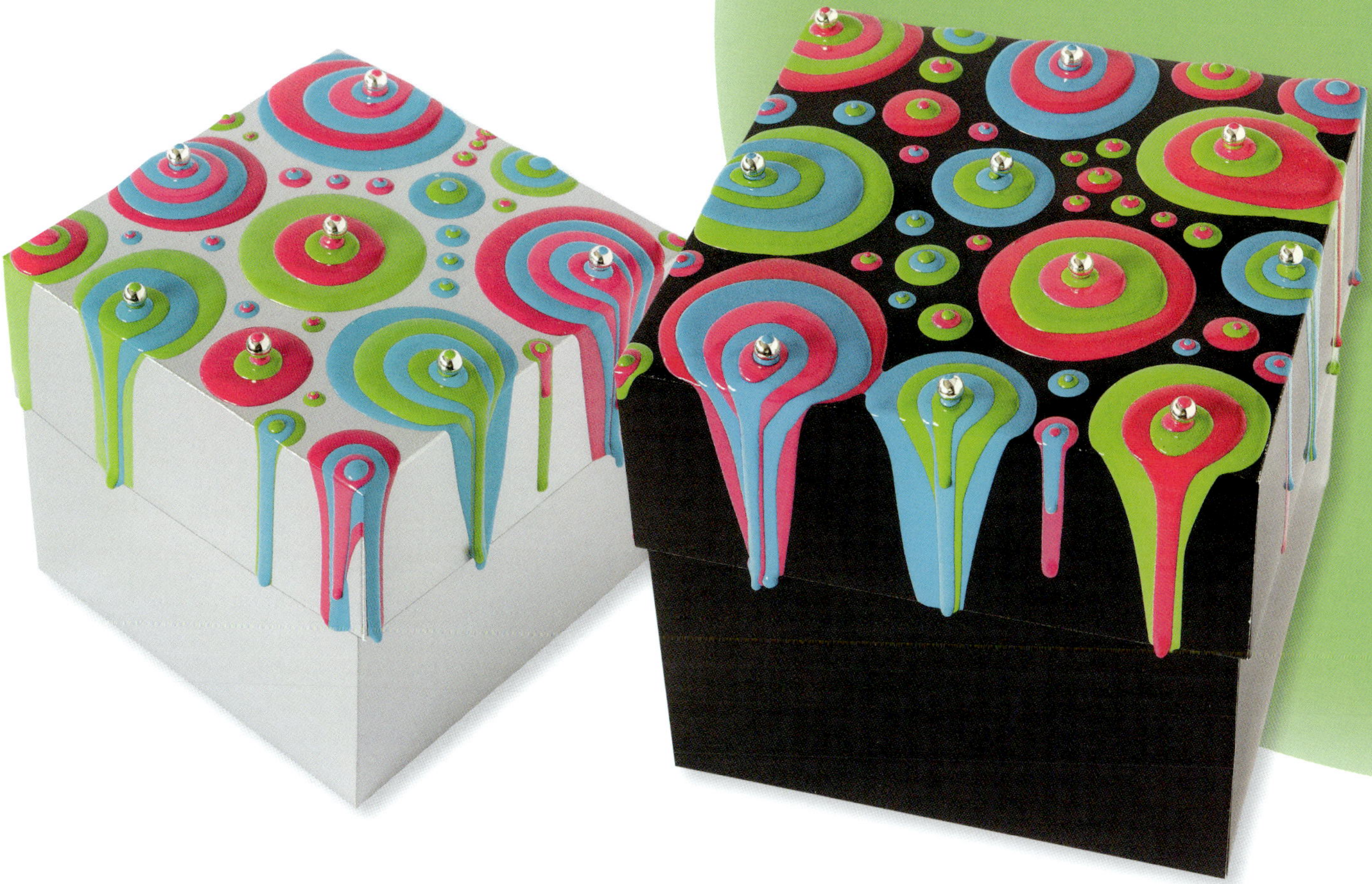

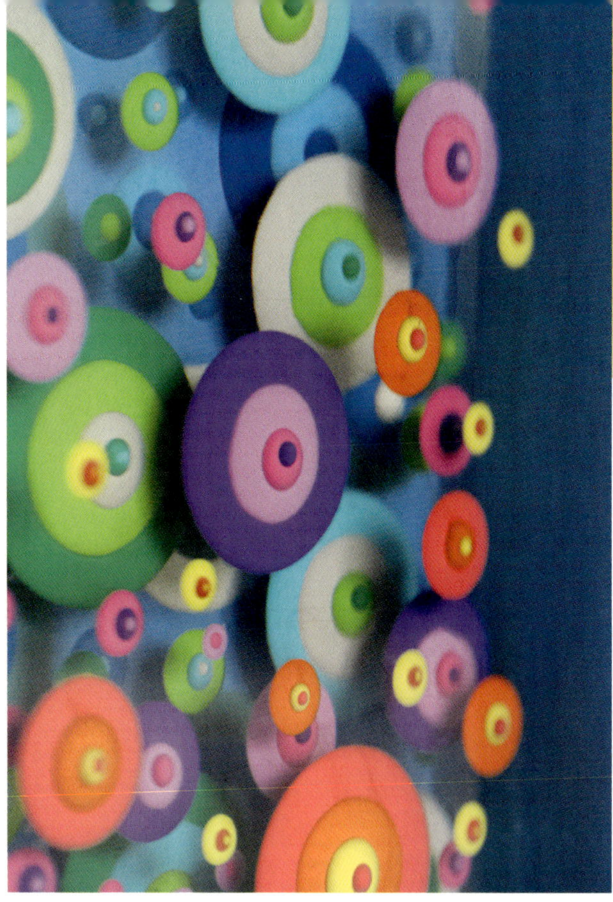

Material:

Holz-Rahmen-Haus
(ca. 24 cm x 16 cm x 8,5 cm)
Acrylfarbe in Nachtblau, Mittelblau und Weiß
Resin
Material s. „Versiegeln", Seite 9

Das Besondere an dieser Technik: Die Blobs werden scheinbar schwebend in mehreren Lagen übereinander angeordnet, was dem Modell Spannung und Tiefe verleiht.

HOLZHAUS

1. Das Holzhaus mit Acrylfarben grundieren: Die Außenseiten in Nachtblau, die Innenseiten in Mittelblau und die Kante in Weiß. Die Farben trocknen lassen.

2. Die erste Schicht Blobs in das Häuschen setzen, dabei vorgehen wie in der Grundanleitung auf Seite 6 beschrieben. Bei unserem Modell bedeckt die erste Schicht mit Blobs in verschiedenen Größen die ganze Häuschenfläche mit den Farben Petrol, Blau, Hellblau und Weiß.

3. Nach dem Trocknen die erste Resin-Schicht auftragen. Dafür etwa 300 g Resin gemäß Herstellerangaben anmischen (siehe hierzu auch Seite 9). Das Resin in das Häuschen füllen und gut durchhärten lassen.

4. Die zweite Blob-Schicht direkt auf das Resin auftragen. Dabei nur etwa die unteren zwei Drittel der Hausfläche mit Blobs in den Farben Türkis, Grün, Hellgrün und Grau gestalten. Trocknen lassen.

5. Über dieser zweiten Blob-Schicht die zweite Schicht Resin in gleicher Stärke auftragen.

6. Für die dritte Blob-Schicht Blobs in Violett, Lila und Magenta wiederum direkt auf dem Resin in der unteren Hälfte des Häuschens gestalten.

7. Diese Blob-Schicht nach dem Trocknen wieder mit einer Schicht Resin bedecken.

8. Die vierte und letzte Blob-Schicht in den Farben Rot, Orange und Gelb im unteren Drittel der Hausfläche auftragen. Trocknen lassen.

9. Eine abschließende, vierte Schicht Resin aufbringen.

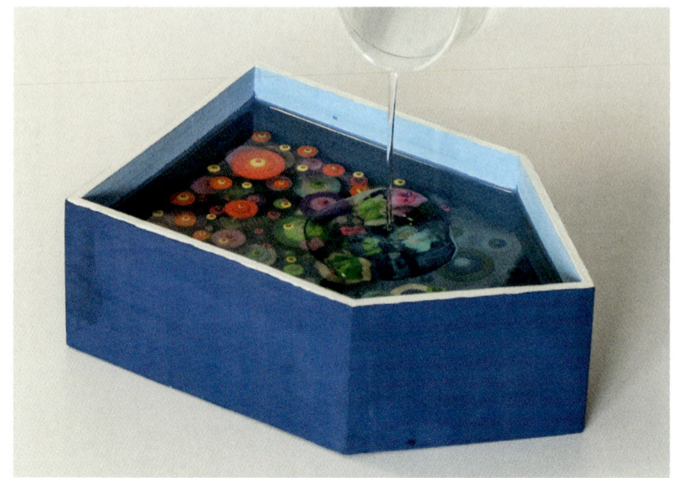

Blob-Farben:

* Petrol
* Blau
* Hellblau
* Weiß
* Türkis
* Grün
* Hellgrün
* Grau
* Rot
* Orange
* Gelb
* Violett
* Lila
* Magenta

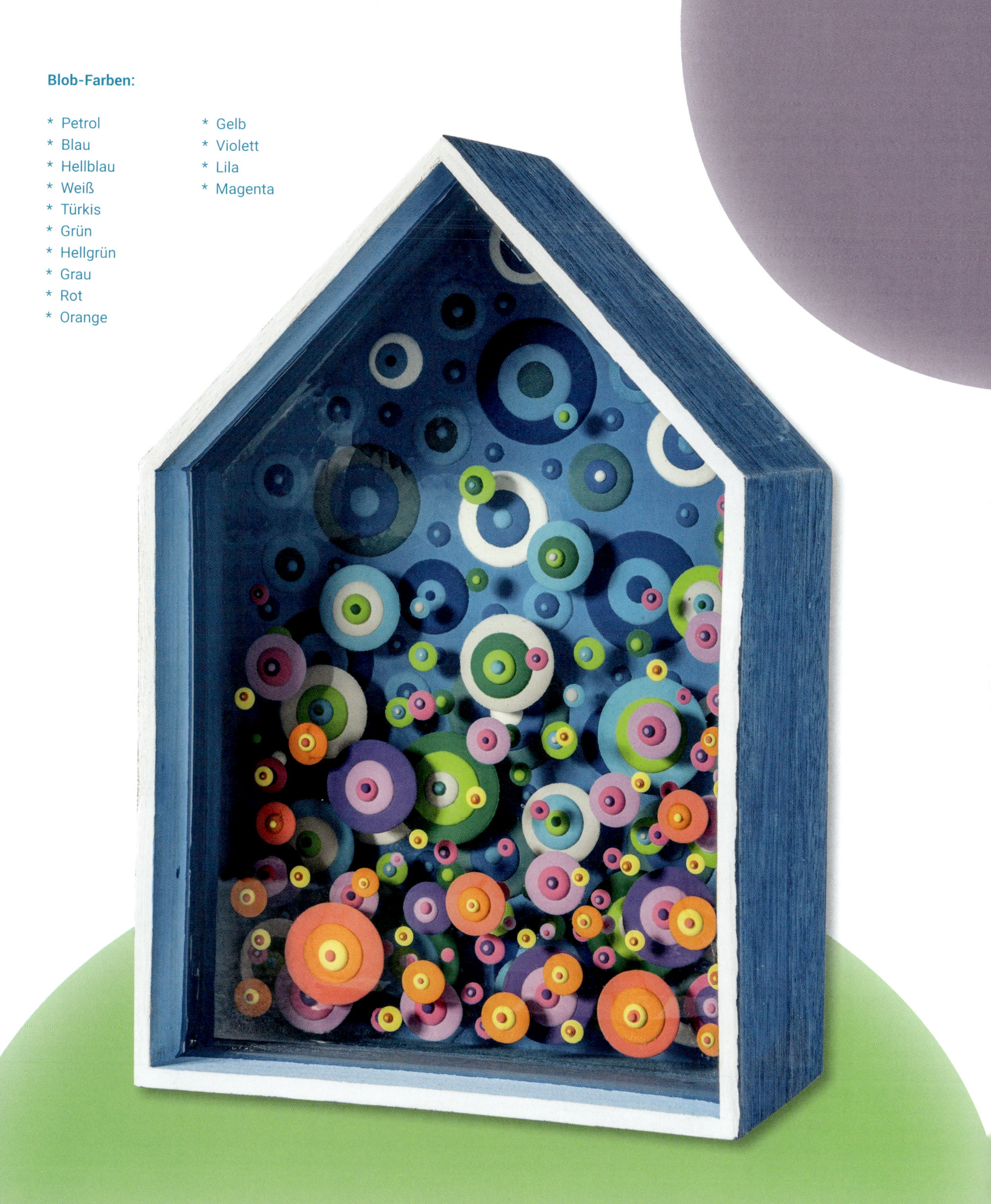

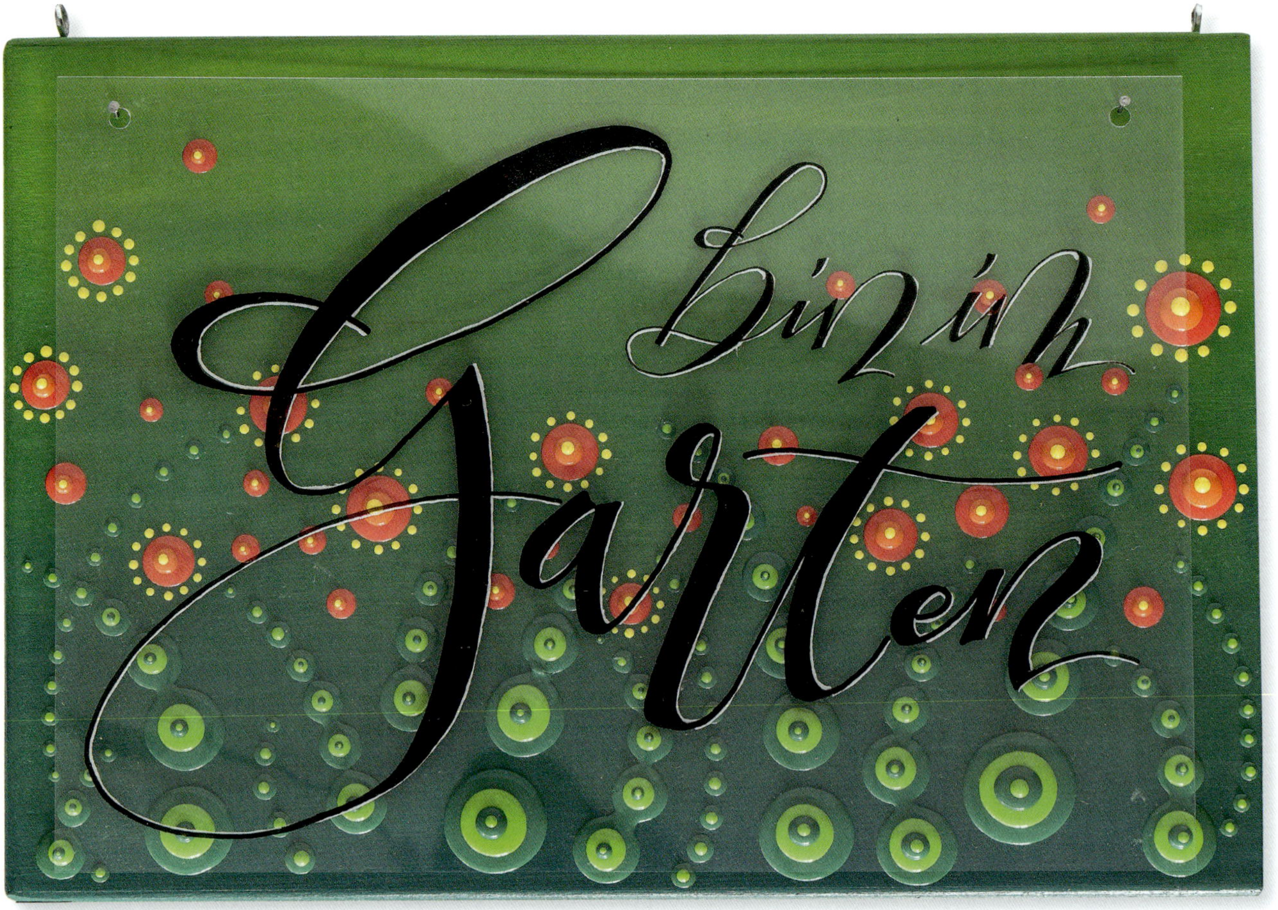

bin im
Garten

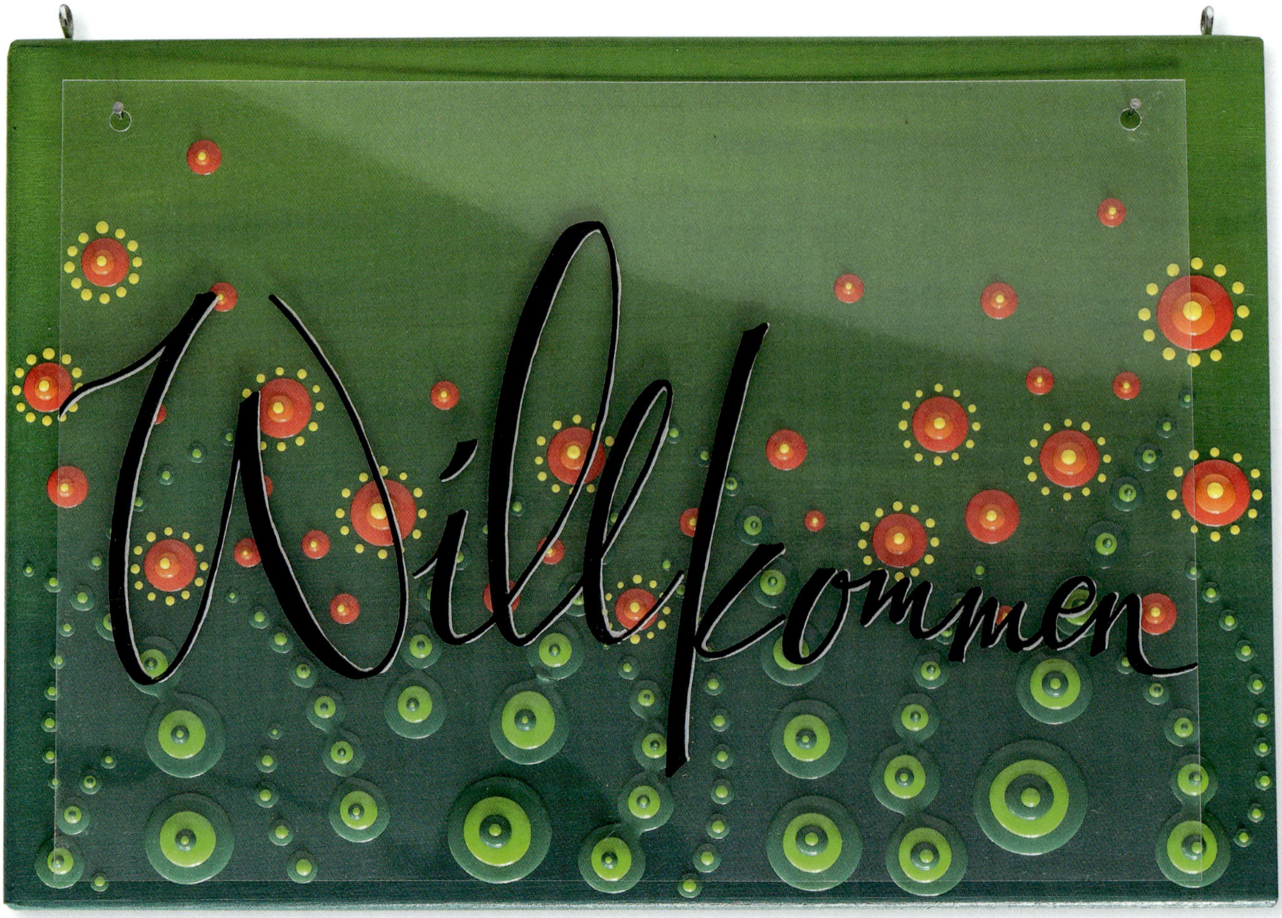

Willkommen

TIPP

Werden die Löcher für die Aufhängung des Schriftzuges statt mit der Lochzange mit einem Bürolocher in die Folie gestanzt, den Auffangdeckel des Lochers an der Unterseite abnehmen und den Locher mit der Unterseite nach oben halten. So können die Löcher gezielt gestanzt werden.

Material:

Acrylfarbe in Dunkelgrün, Gelb und Weiß
Holzbrett (23 cm x 33 cm x 1,8 cm)
Klarlack
2 kleine Ringschrauben
2 kleine Nägel
2 x feste Folie (DIN-A4)
Lackstifte in Schwarz, Weiß
Lochzange (oder Bürolocher)
Material siehe „Vorlagen übertragen“

Blob-Farben:

* Gelb
* Orange
* Rot
* Hellgrün
* Grün

TÜRSCHILDER

1. Das Holzbrett mit weißer Acrylfarbe grundieren und trocknen lassen.

2. In einem Mischgefäß dunkelgrüne und gelbe Acrylfarbe mischen. Dazu tropfenweise grüne Farbe unter das Gelb rühren, bis der gewünschte Farbton erreicht ist. Das Holzbrett im unteren Bereich dunkelgrün, darüber mit dem gemischten Hellgrün bemalen. Für einen sanften Übergang beide Farben auf dem Brett zügig und nass in nass ineinander malen. Trocknen lassen, dann das ganze Brett mit Klarlack überziehen.

3. In der Zwischenzeit den gewünschten Schriftzug von Seite 60 entsprechend vergrößern. Die Vorlage unter die Folie legen und den Schriftzug mit schwarzem Lackstift auf der Folie nachziehen.

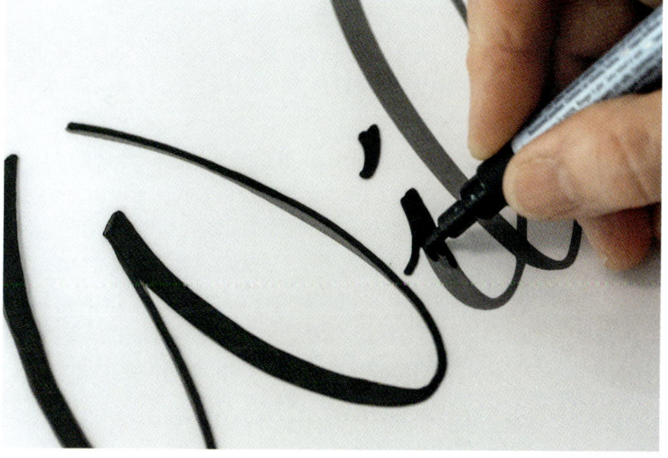

4. Nach dem Trocknen die Folie wenden und den Schriftzug auf der Rückseite so mit Weiß schattieren, dass die weiße Farbe etwas über die schwarze hinausragt.

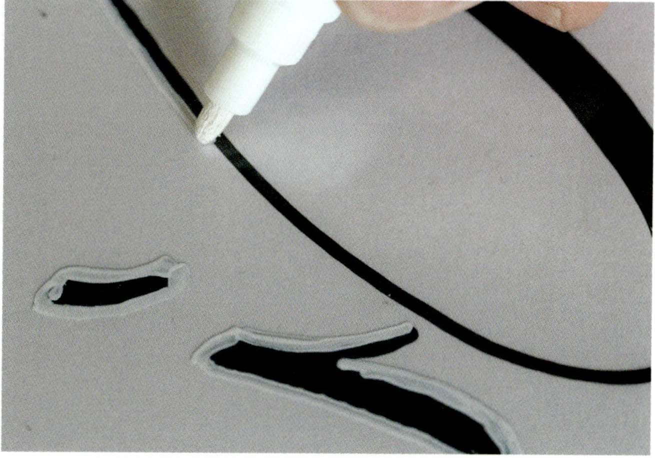

5. Das Brett nach Abbildung oder nach Belieben gemäß Grundanleitung auf Seite 6 mit Blob-Farbe bemalen. Unsere Gestaltungsidee soll eine Blumenwiese andeuten.

6. In die oberen Ecken der Folie je ein Loch zum Aufhängen stanzen. Die Folie mittig auf das Brett legen und die Position der Löcher markieren. Hier die beiden Nägel einschlagen. Somit können verschiedene Folien beschriftet und nach Belieben auf dem Brett ausgetauscht werden.

7. Zuletzt die beiden Ringschrauben in die obere Kante des Brettes drehen.

Material:

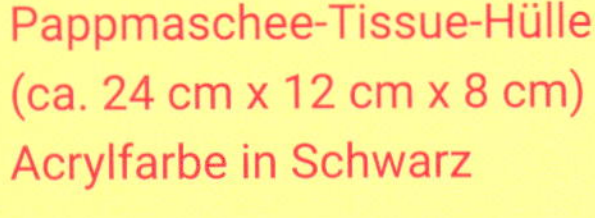

Pappmaschee-Tissue-Hülle
(ca. 24 cm x 12 cm x 8 cm)
Acrylfarbe in Schwarz

Blob-Farben:

* Hellblau
* Blau
* Magenta
* Rosa
* Rot
* Orange
* Gelb
* Türkis
* Hellgrün
* Grün

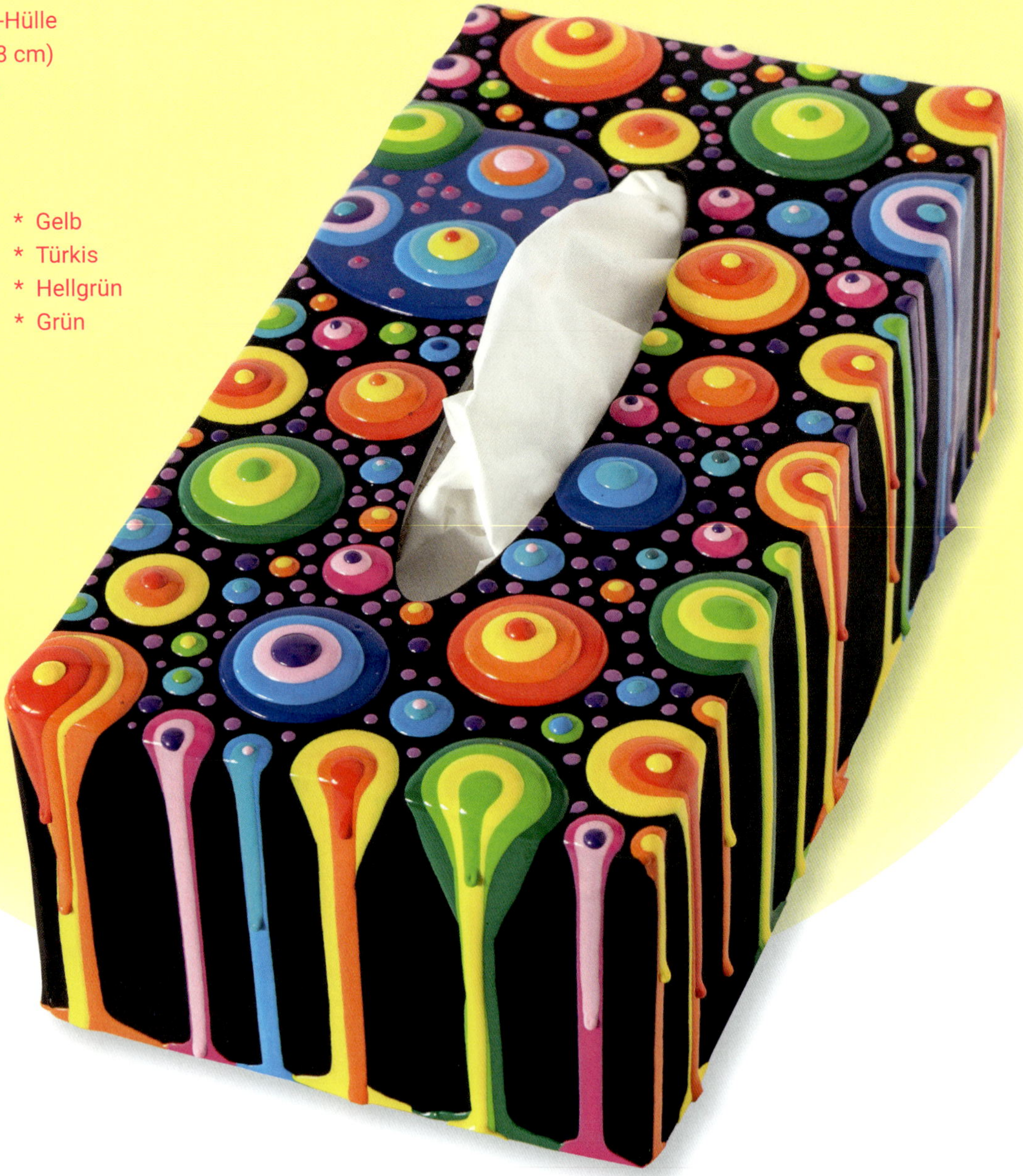

TEMPOBEHÄLTER

1. Die Tissue-Hülle mit schwarzer Acrylfarbe grundieren und trocknen lassen.

2. Die Box gemäß Grundanleitung mit Blob-Farben bemalen. Bei den Blobs am Rand etwas mehr Farbe aus der Flasche laufen lassen, damit die Farbe auch bis ganz nach unten läuft. Bei jeder Farbschicht die Box zunächst direkt auf die Unterlage stellen. Nach erfolgtem Farbauftrag die Box vorsichtig am Mittelloch hochheben und zum Weitertrocknen auf Füßchen stellen. Dadurch ergibt sich später am Boden der Eindruck, als würde die Box in der Farbe stehen – sie klebt beim Trocknen aber trotzdem nicht an der Unterlage fest. Läuft die Farbe nicht mehr bis an den Boden, muss die Box zum Trocknen nicht mehr bewegt werden. Beim Anheben unbedingt darauf achten, die Box absolut waagerecht zu halten.

BUCHSTABEN

1. Die Buchstaben mit den Acrylfarben grundieren und trocknen lassen.

2. Jeweils auf den oberen Flächen der Buchstaben die Farbe reichlich nass in nass neben- und ineinander setzen. Dabei die Farbe immer in die Mitte der Flächen setzen, bis sie schließlich am Rand hinunter läuft. Alles trocknen lassen.

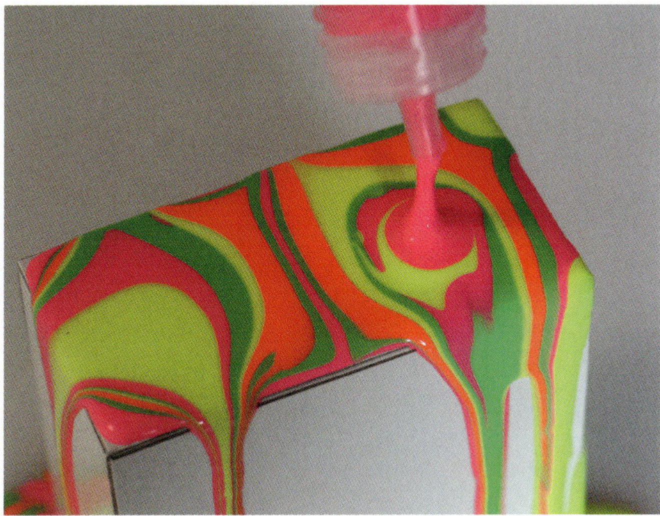

3. Die Buchstaben an den freien Flächen mit Blobs bemalen. Dabei wie in der Grundanleitung auf Seite 6 vorgehen.

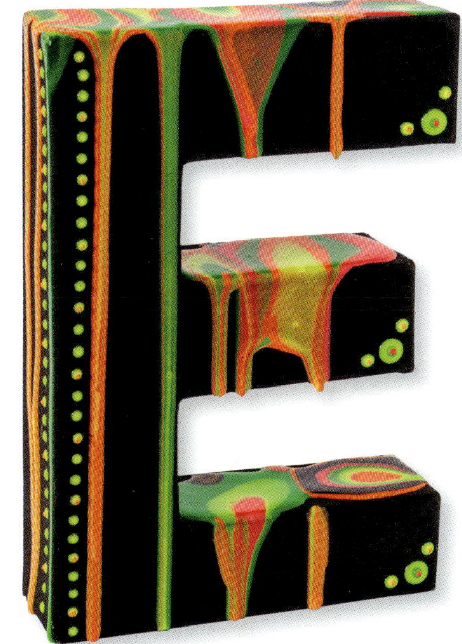

Material:

PappArt-Buchstaben
Acrylfarbe in Weiß, Grau und Schwarz

Blob-Farben:

* Neon Gelb
* Neon Orange
* Neon Pink
* Neon Grün
* Schwarz

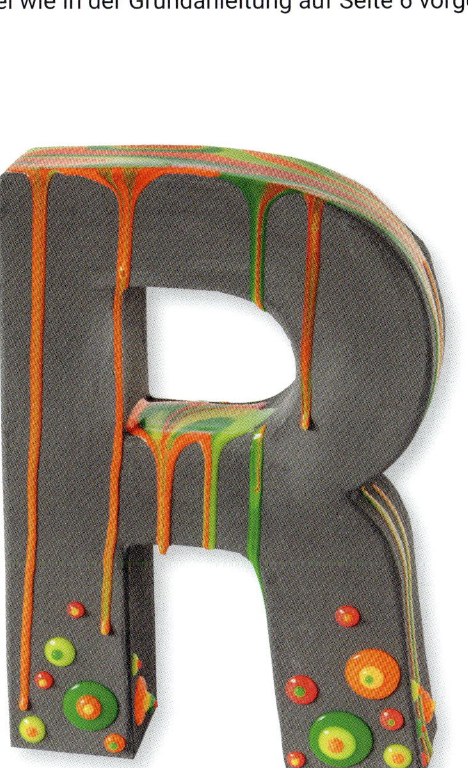

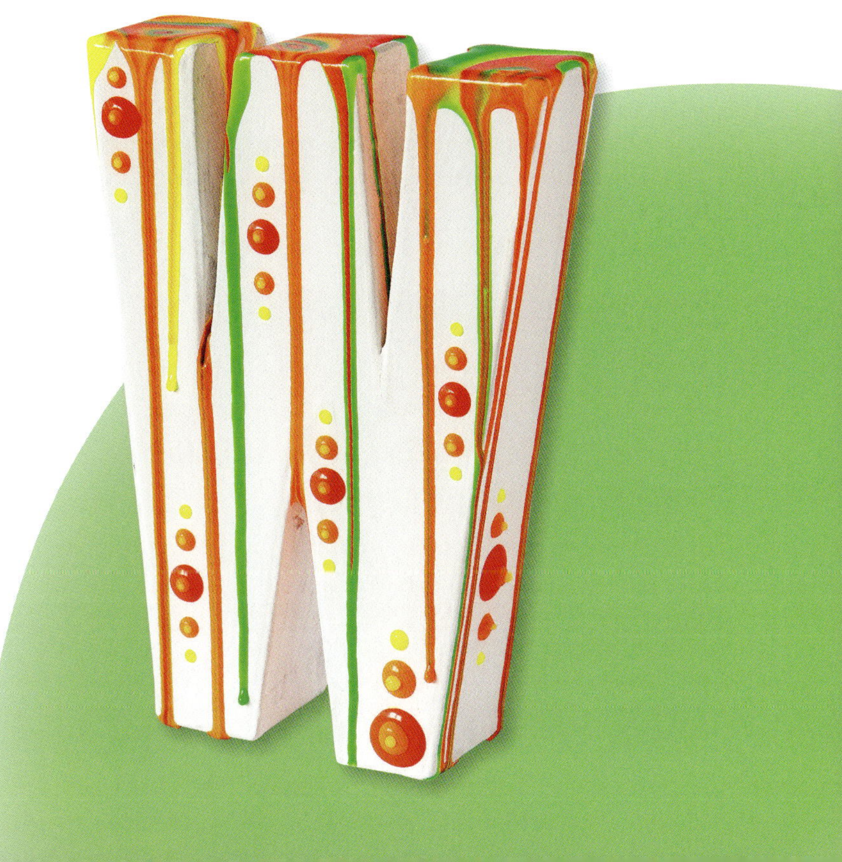

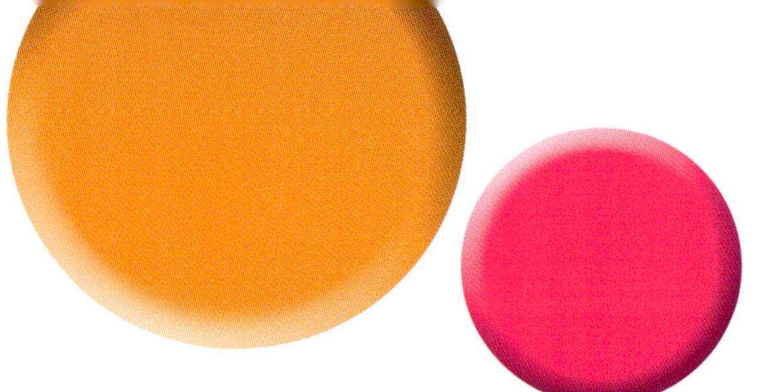

PINBOARD

1. Für die unteren Fächer die Vorlagen für die Holzteile von Seite 62 auf die benötigte Größe vergrößern (die Breite des langen Teiles soll der Breite des Pinnboards entsprechen). Wie auf Seite 58 beschrieben auf das Sperrholz übertragen und aussägen. Bei allen Teilen Kanten und Oberflächen glatt schleifen.

2. Das große Brett für die Rückwand mit weißer Acrylfarbe bemalen. Nach dem Trocknen die Form der Oberkante des unteren Faches auf die Rückwand übertragen und den Bereich im Fach sowie die Fach-Einzelteile schwarz streichen. Trocknen lassen.

3. Das untere Fach montieren. Dafür zunächst die Seitenwände und den Boden mit Holzleim auf die Rückwand kleben und von hinten durch die Rückwand mit Schrauben befestigen. Die Löcher eventuell mit einem geeigneten Bohrer vorbohren. Anschließend die vordere Wand mit Holzleim aufkleben und mit dünnen Nägeln fixieren. Nach vollständiger Trocknung eventuelle Leimspuren und Nagelköpfe schwarz nachstreichen.

4. Die Wäscheklammern weiß streichen und im oberen Bereich mit Holzleim auf die rechte Hälfte des Pinnboards kleben.

5. Das Pinnboard mit Blob-Farben gestalten. Dabei für die Blobs auf dem unteren Fach nach Grundanleitung auf Seite 6 verfahren. Für die herablaufenden Blobs im oberen Bereich die Farben nass in nass ineinander setzen.

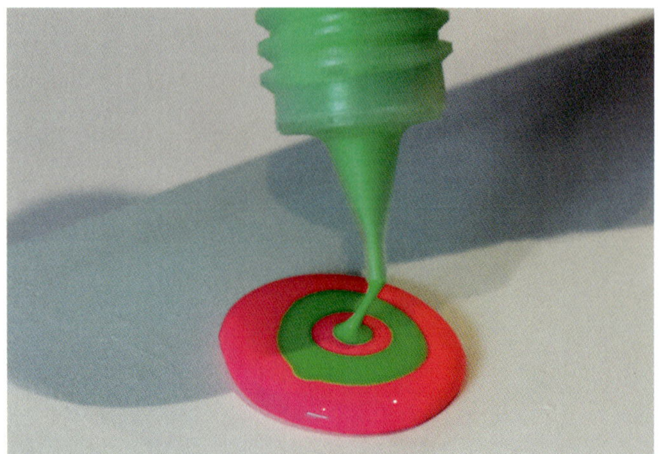

Anschließend das Brett langsam schräg anheben ...

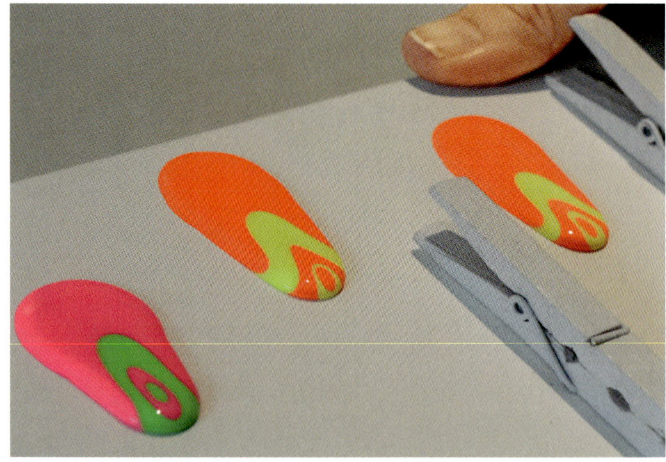

... und die Blobs bis auf die gewünschte Länge fließen lassen. Sollen sie nicht mehr weiter fließen, das Brett wieder absenken und alles trocknen lassen.

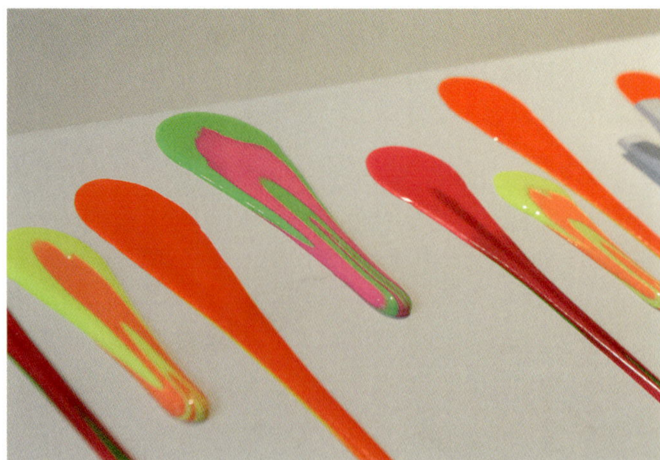

6. Die Löcher für das Rundgummi in das Brett bohren. Dazu das Gummi zunächst entlang des geplanten Verlaufs auflegen, dann die Löcher markieren und bohren. Die Löcher von hinten etwas versenken, damit der Knoten am Gummiende im Brett verschwindet. Gummi einziehen und mit etwas Zug von hinten verknoten.

7. Zum Schluss die Bildaufhänger von hinten an das Brett schrauben.

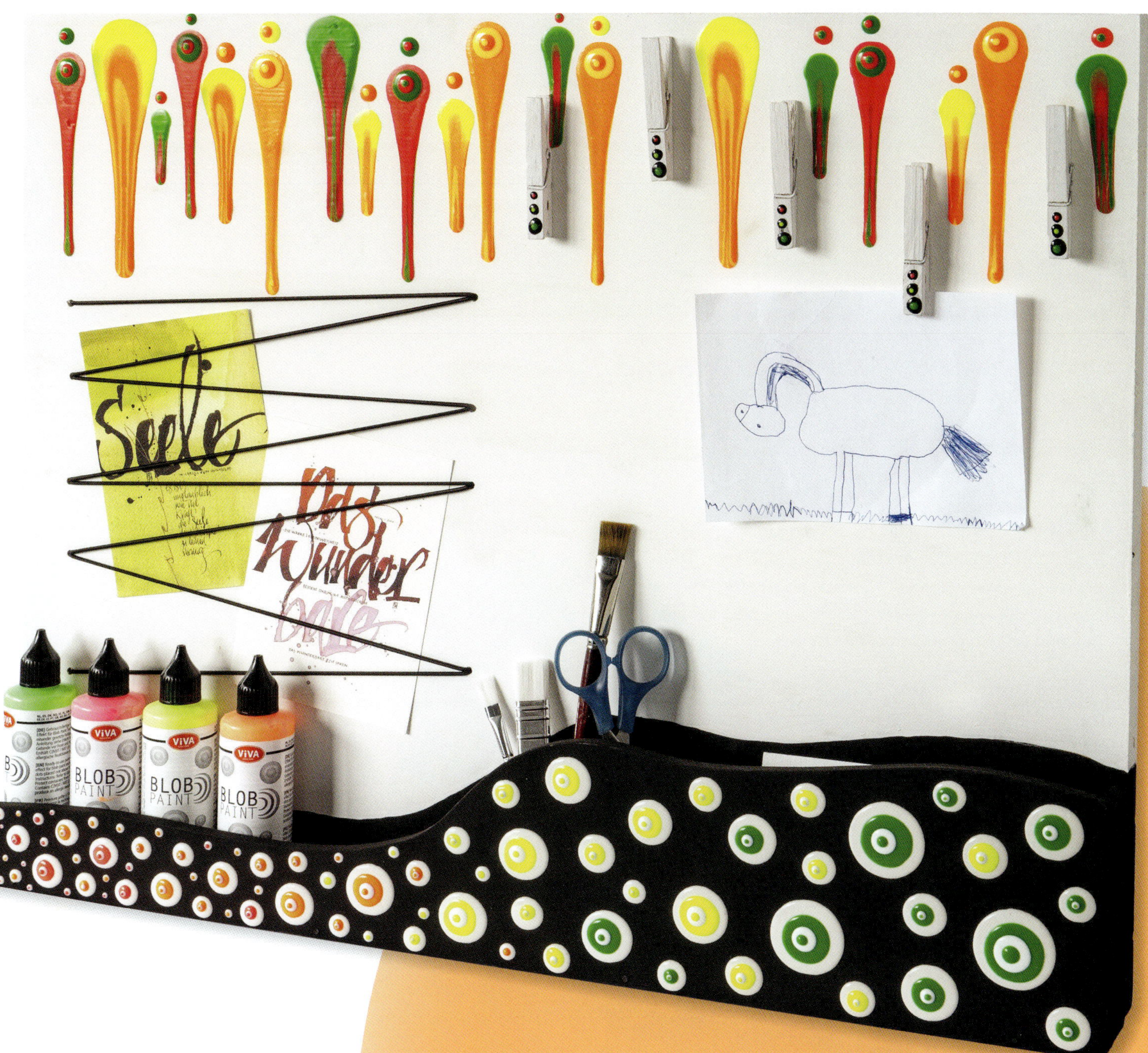

Material:

Holzbrett für die Brettrückwand
(z. B. 47 cm x 60 cm x 2 cm)
Sperrholz für die unteren Fächer
(etwa 65 cm x 20 cm)
5 Holzwäscheklammern
Rundgummi in Schwarz (3 mm)
Bohrer (ø 4 mm und ø 8 mm zum
Versenken)
Holzleim
dünne Nägel
Schrauben (3 x 0,3 cm)
Schleifpapier (120er Körnung)
Stichsäge
Acrylfarbe in Weiß und Schwarz
2 Bildaufhänger mit Klappöse

Blob-Farben:

* Neon Gelb
* Neon Orange
* Neon Pink
* Neon Grün
* Schwarz
* Weiß

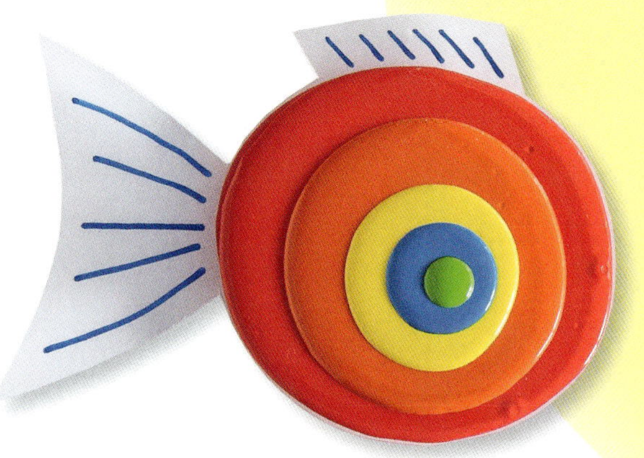

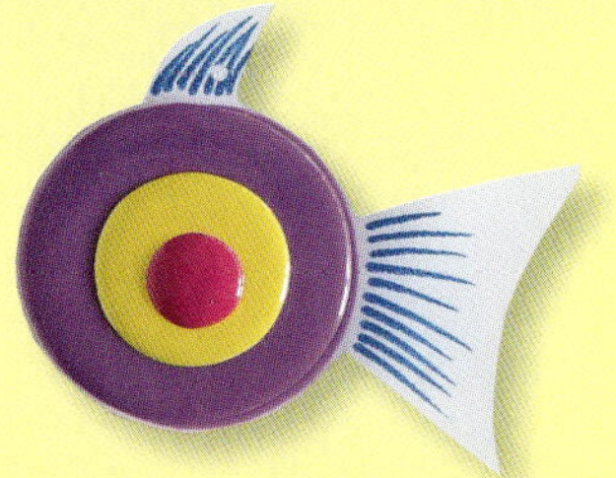

Material:

feste, transluzente Folie
Lackstift
Lochzange

Blob-Farben:

* nach Belieben

BLOB-FISCHE

1. Die Folie mit mehrlagigen, großen Blobs gemäß Grundanleitung auf Seite 6 bemalen. Hier haben die Blobs einen Durchmesser von 4–7 cm. Dabei auf ausreichend Abstand zwischen den Blobs achten, da diese später mitsamt den Flossen ausgeschnitten werden.

2. Sind die Blobs getrocknet, die Folie umdrehen und unter den unbemalten Stellen Abstandshalter platzieren. Nun möglichst genau über jedem bereits gestalteten Blob auf der Unterseite einen weiteren mehrlagigen Blob auf die Oberseite setzen. Erneut trocknen lassen.

Hier helfen schon die Kleinsten: Diese Modelle lassen sich gut mit Kindern gestalten und zeigen: Blob Paint ist für Jung und Alt, Anfänger und Profi gleichermaßen faszinierend.

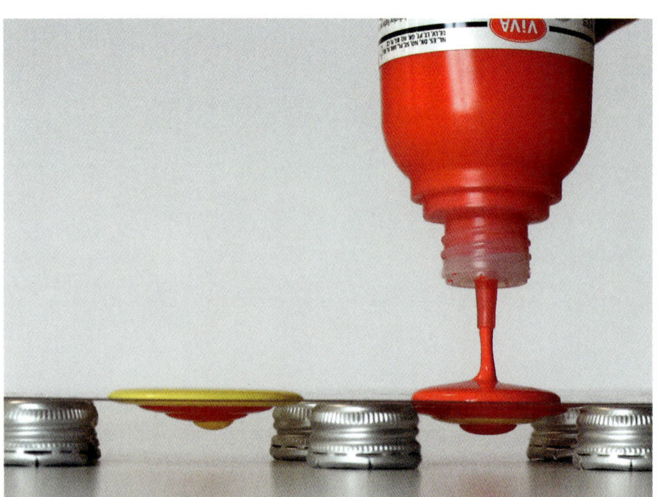

TIPP

Aus den Fischen lässt sich prima ein Mobile basteln. Dazu mithilfe der Lochzange die Rückenflossen mit Löchern versehen und einen transparenten Nylonfaden einknoten. Die Länge der Fäden ausmitteln und die Fische an den Holz- oder Metallstäben eines gekauften oder selbst gemachten Mobile-Sets befestigen.

3. Die Blobs rundherum mit etwa 1 mm Abstand zur Farbe aus der Folie ausschneiden. Dabei die Rücken-, Bauch- und Schwanzflosse stehen lassen (wer mag, zeichnet sie ganz zart auf der Folie vor).

4. Die Flossen der Fische beidseitig mit Lackstiften bemalen.

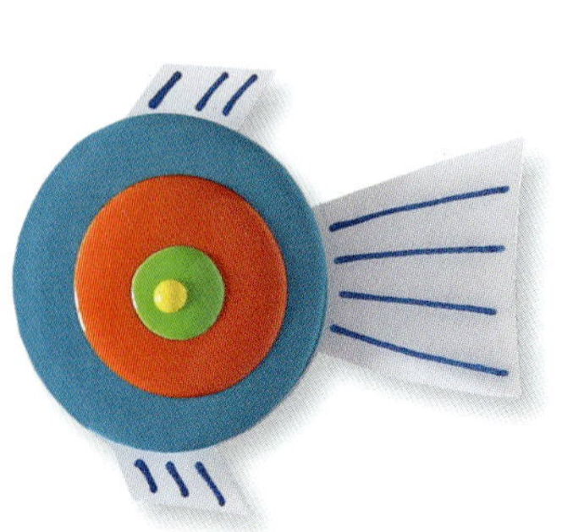

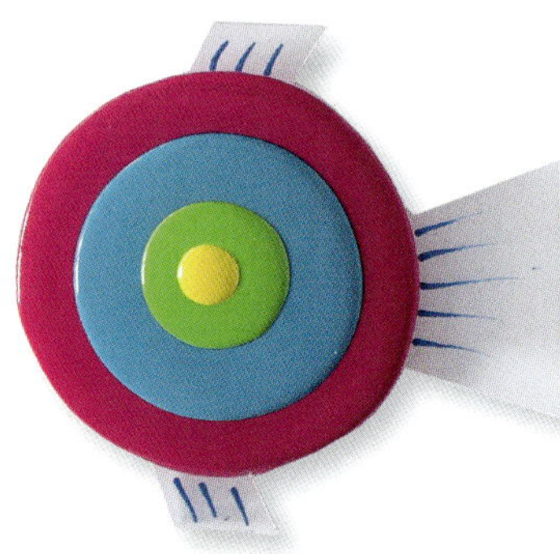

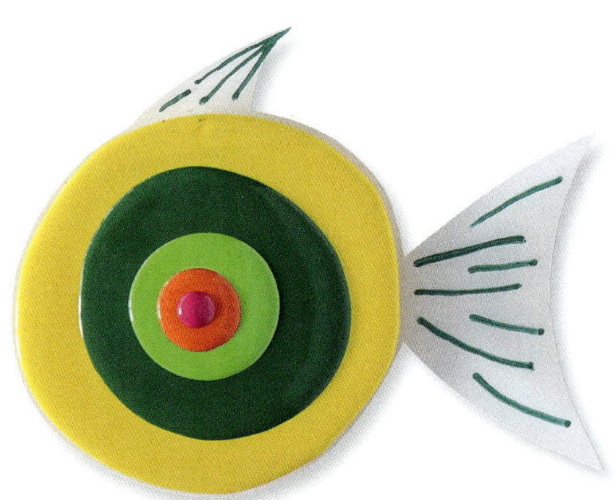

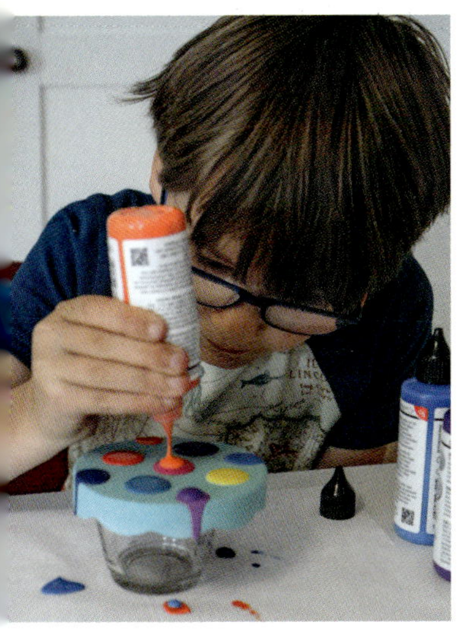

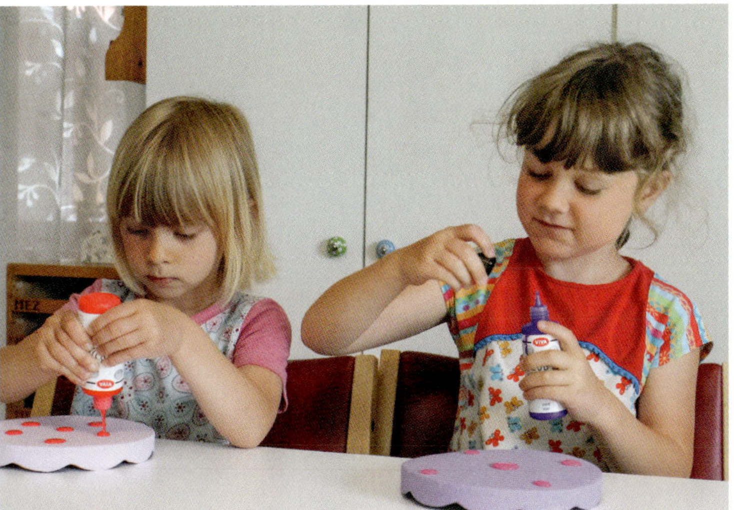

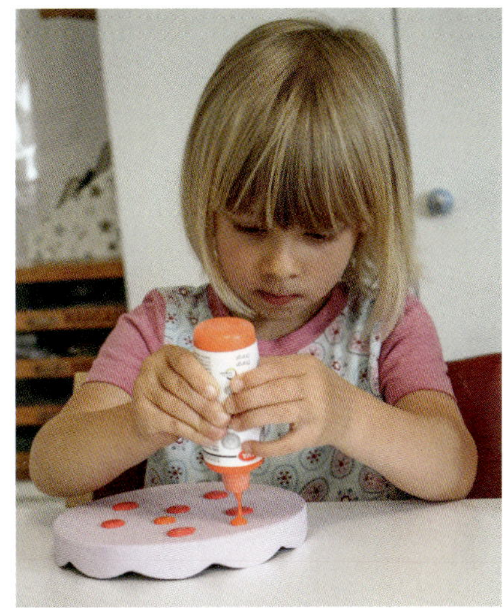

Material:

PappArt-Dosen, rund (ø 10 cm und 17 cm, 7 cm bzw. 8 cm hoch)
Acrylfarbe in Weiß, Türkis, Rosé und Violett
German Glitter in beliebigen Farben

Blob-Farben:

- nach Belieben

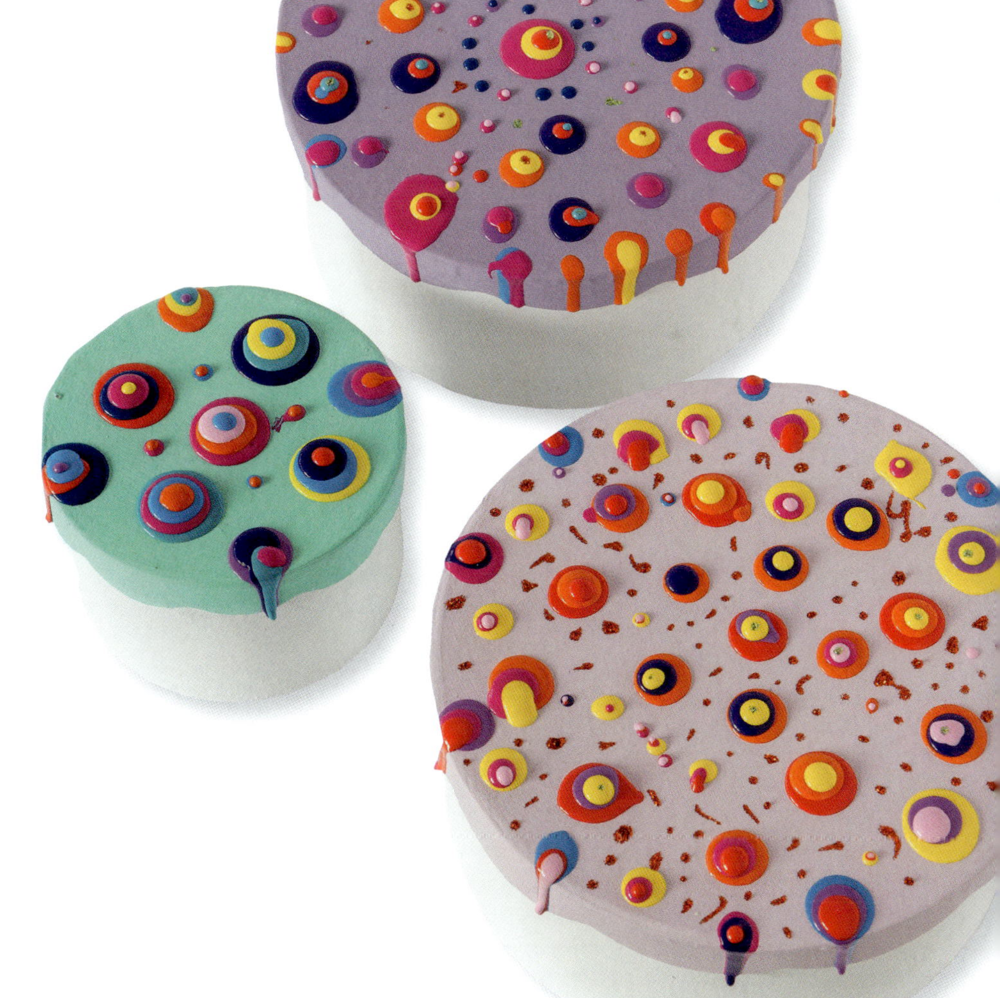

BUNTE SCHACHTELN

1. Die Dosen öffnen. Dosenunterteil und Deckel jeweils weiß grundieren. Nach dem Trocknen für den Deckel die gewünschte Acrylfarbe mit Weiß zu einem Pastellton mischen und den Deckel damit streichen.

2. Die Deckel gemäß Grundanleitung auf Seite 6 mit Blobs gestalten. Die Deckel für über den Rand laufende Blobs zum Beispiel auf ein Marmeladenglas stellen und den Arbeitstisch mit Zeitungspapier oder Folie schützen. Die Blobs trocknen lassen.

3. Zum Schluss die Deckel nach Belieben mit German Glitter verzieren.

Vorlagen

VORLAGEN ÜBERTRAGEN

Das ausgewählte Motiv auf einem Kopierer auf die gewünschte Größe vergrößern. Je nach Untergrund gibt es verschiedene Übertragungsmethoden:

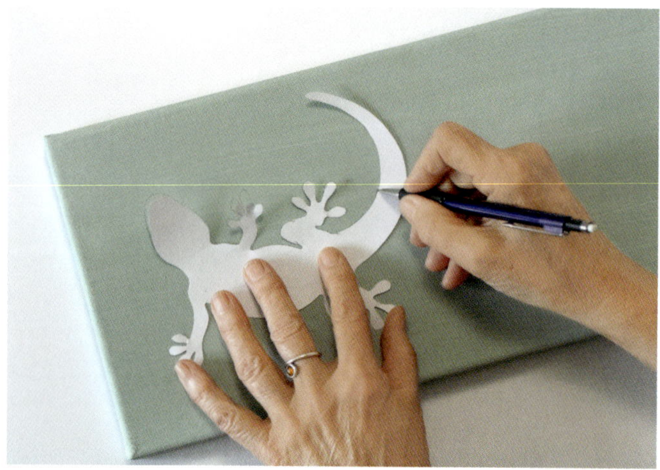

Bei flexiblen Untergründen (Keilrahmen, Textilien etc.) wird die Vorlage ausgeschnitten und aufgelegt. Danach rundherum mit einem geeigneten Stift nachzeichnen, meist reicht ein weicher Bleistift (2B oder weicher).

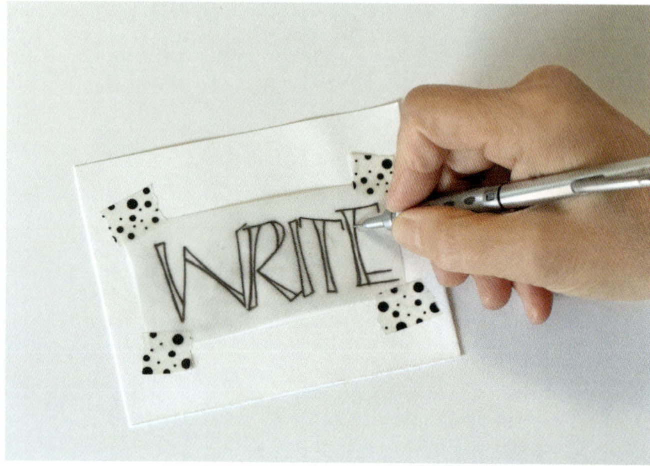

Bei festen Untergründen (Pappe, Holz etc.) wird die Vorlage mit Entwurfpapier (Architektenpapier) bedeckt. Dann die durchscheinenden Linien mit Bleistift nachziehen.

Die Vorlage umdrehen und alle Linien auf der Rückseite erneut mit weichem Bleistift (2B oder weicher) nachziehen. Das Entwurfpapier mit der Zeichnung nach unten (so erscheint das Motiv nicht seitenverkehrt, vor allem wichtig bei Schrift) auf das ausgewählte Material legen und mit Klebestreifen oder Klammern vor dem Verrutschen sichern. Nun alle Linien mit etwas Druck nachziehen, damit sich der auf der Unterseite haftende Grafitstaub auf den Untergrund überträgt.

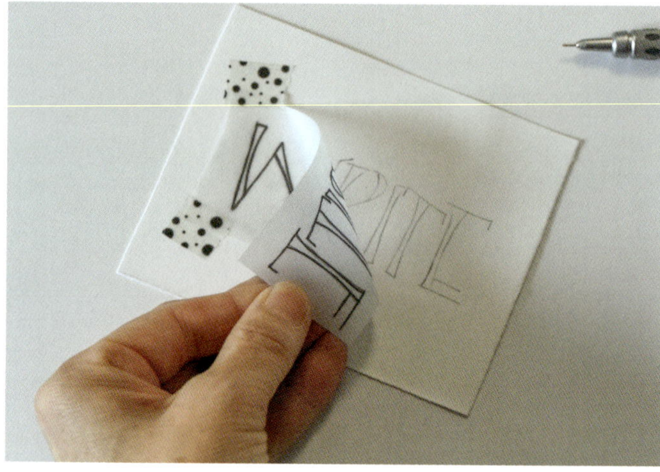

Diese Übertragungsmethode hat den Vorteil, dass die Vorlage genau platziert werden kann, weil kein Pauspapier die Durchsicht verhindert. Außerdem lassen sich evtl. noch sichtbare Bleistiftspuren problemlos radieren.

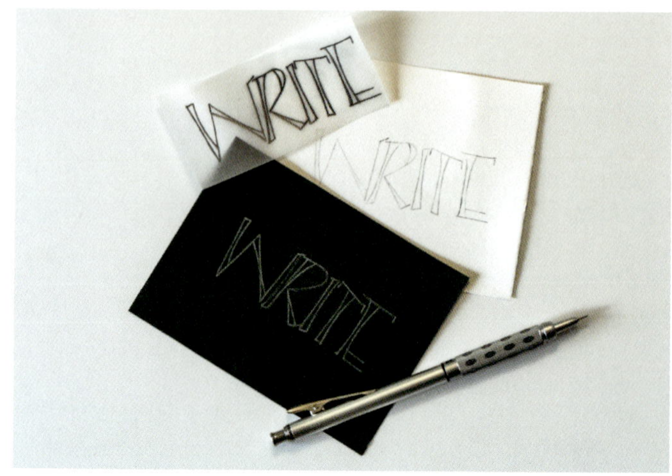

Der Grafitstaub ist auch auf dunklen Untergründen sichtbar.

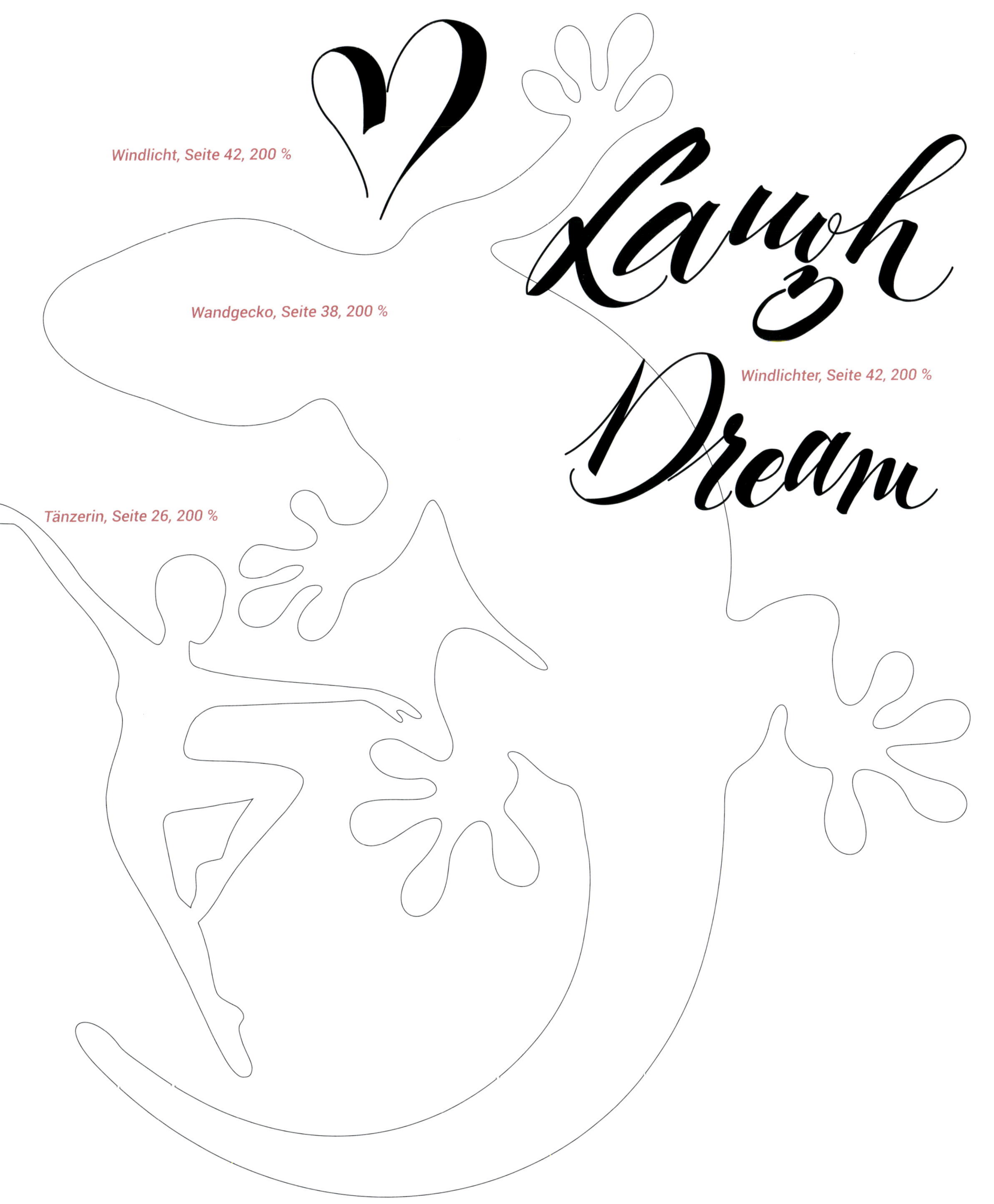

Windlicht, Seite 42, 200 %
Laugh
Wandgecko, Seite 38, 200 %
Windlichter, Seite 42, 200 %
Dream
Tänzerin, Seite 26, 200 %

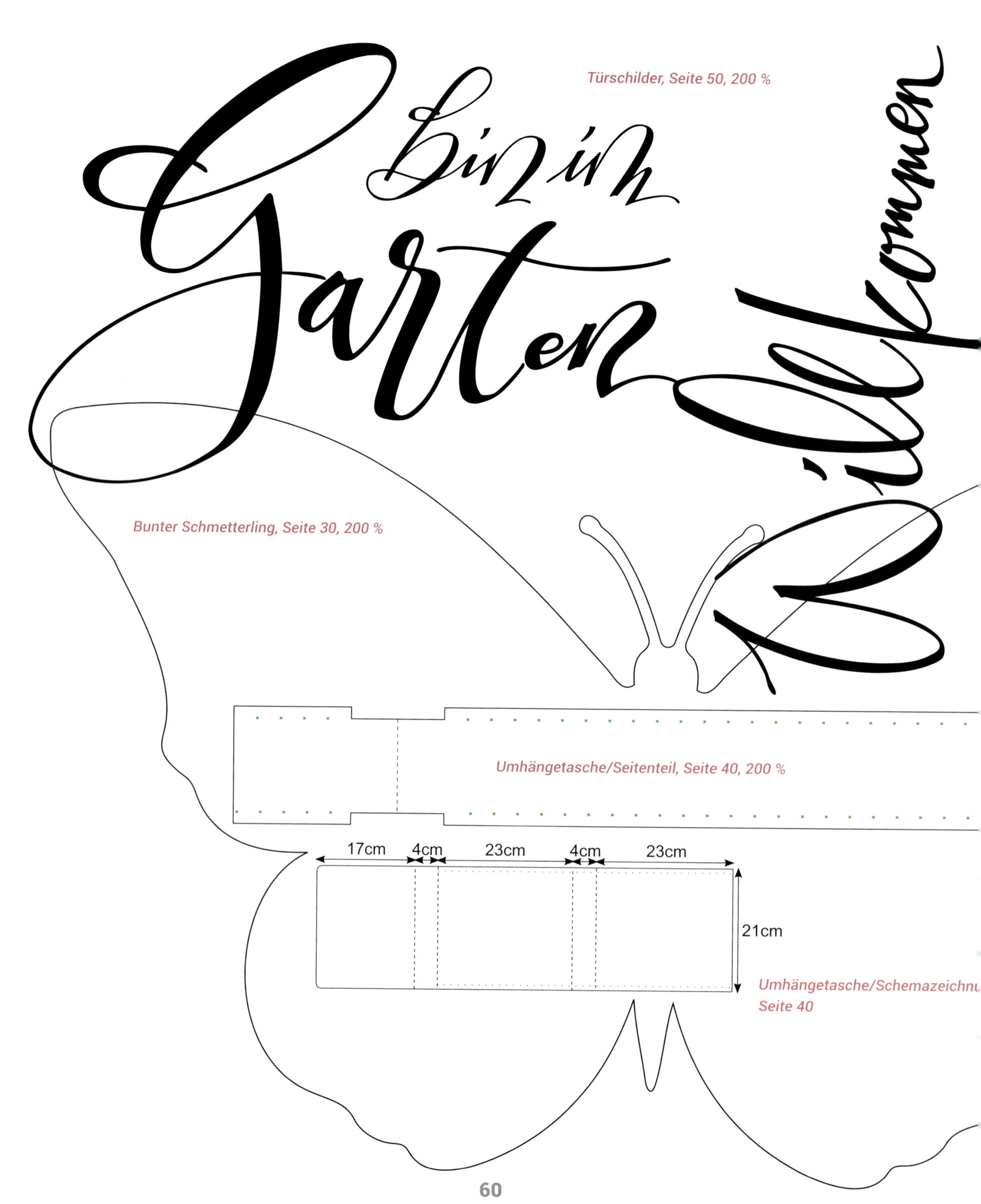
bin im
Garten
Willkommen
Türschilder, Seite 50, 200 %
Bunter Schmetterling, Seite 30, 200 %
Umhängetasche/Seitenteil, Seite 40, 200 %
17cm
4cm
23cm
4cm
23cm
21cm
Umhängetasche/Schemazeichnu
Seite 40

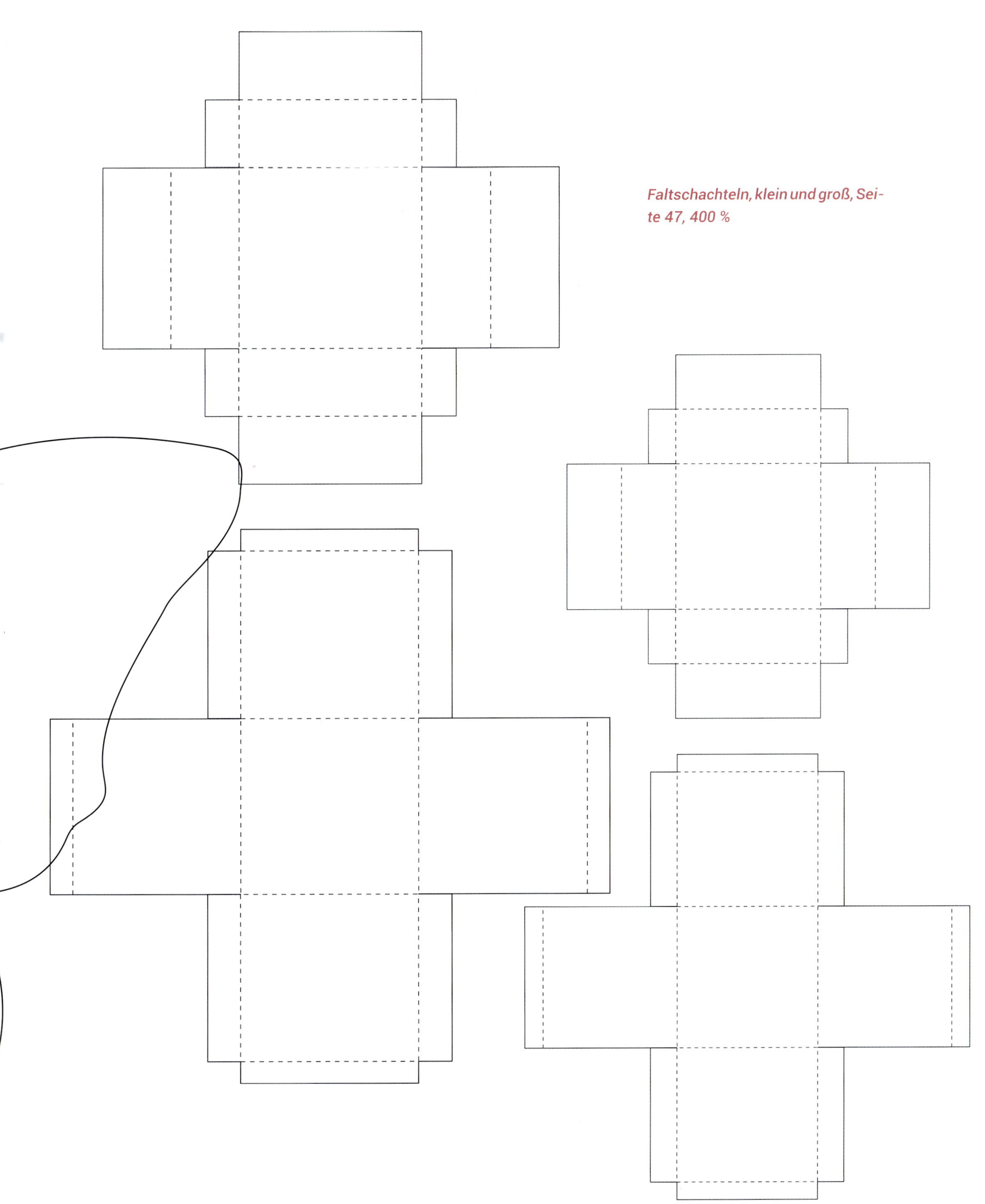

Faltschachteln, klein und groß, Seite 47, 400 %

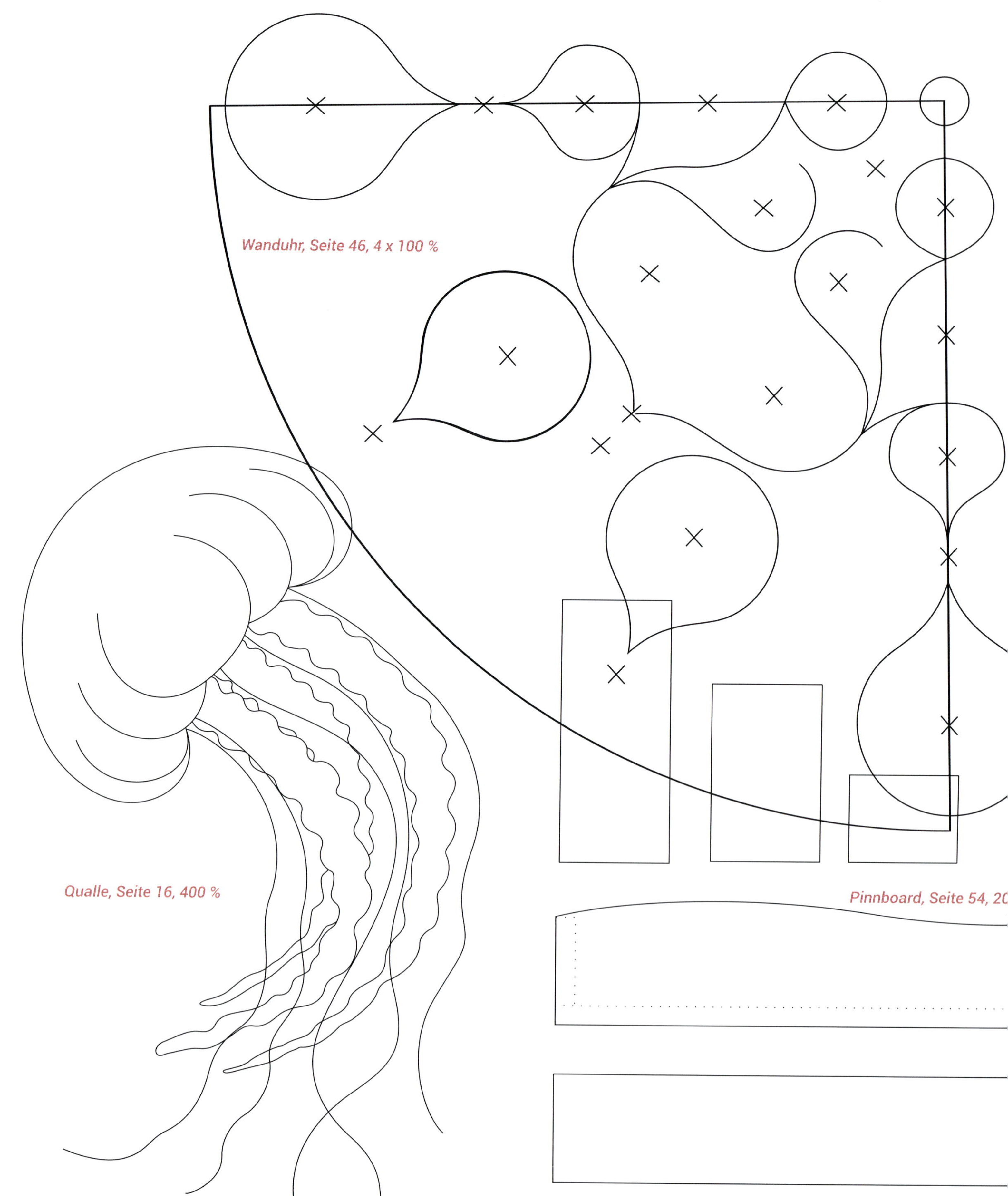
Wanduhr, Seite 46, 4 x 100 %
Qualle, Seite 16, 400 %
Pinnboard, Seite 54, 20

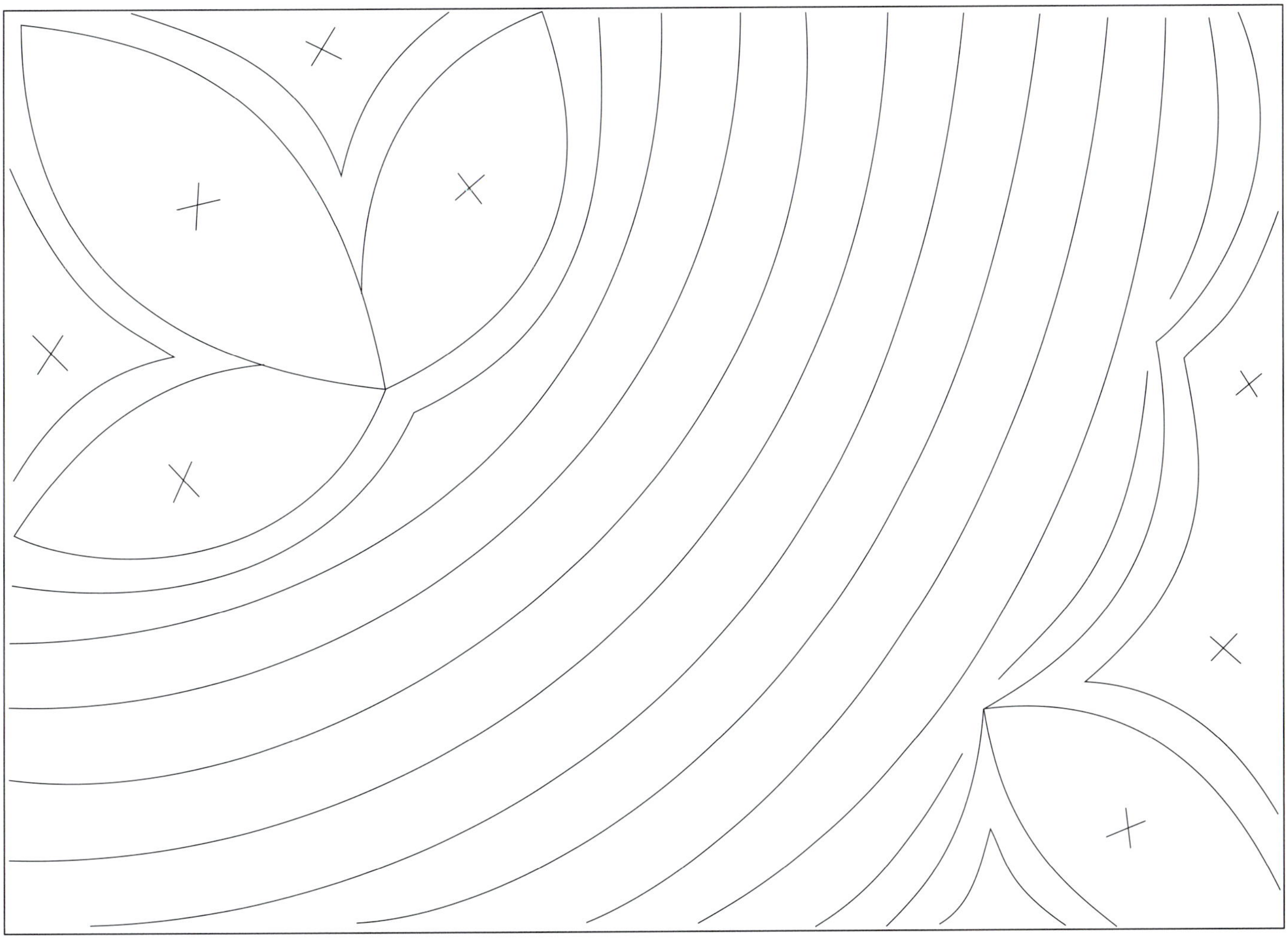

Tablett, Seite 43, 200 %

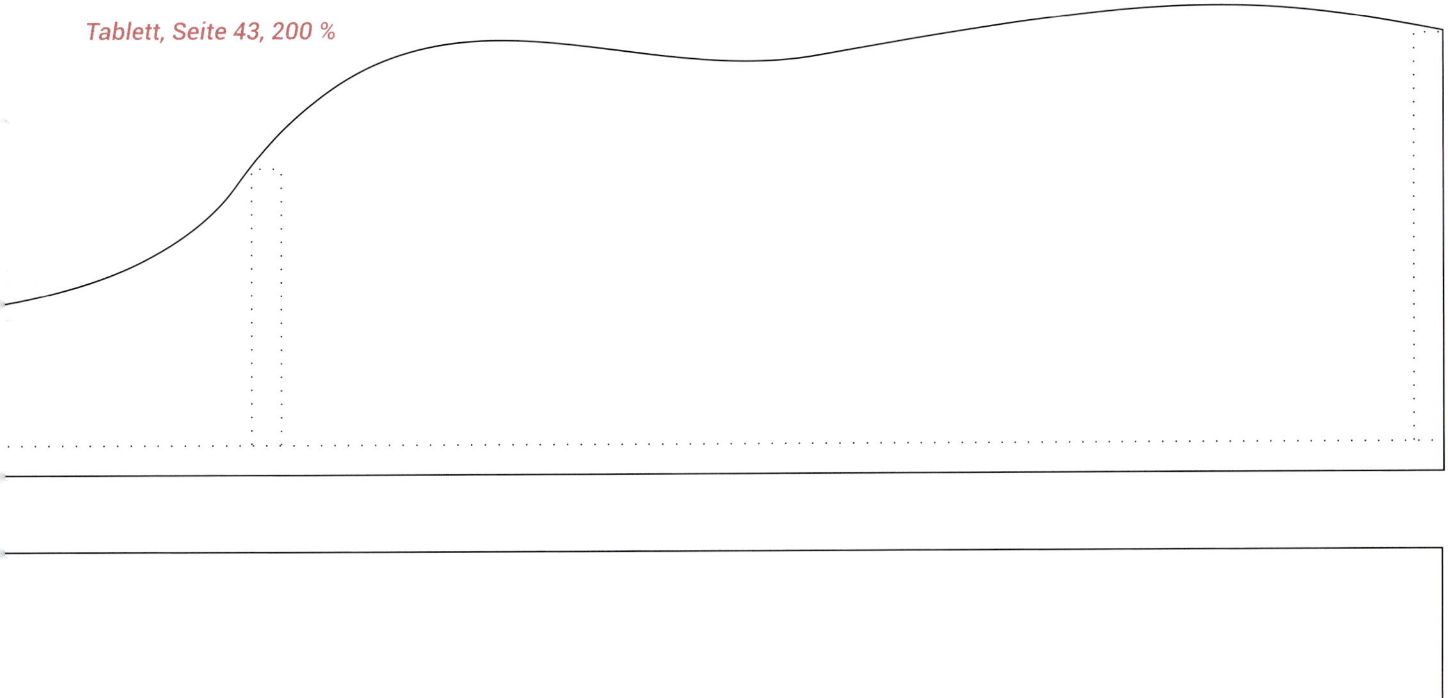

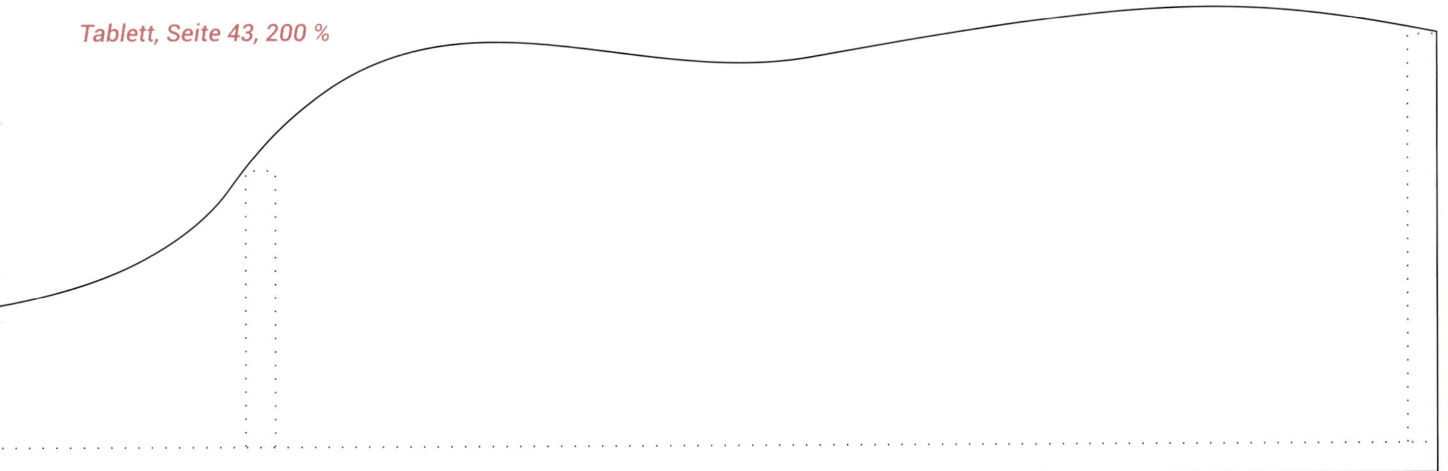

IMPRESSUM

Verantwortlich: Claudia Hohdorf
Redaktion: Katja Rötzer
Layout: TextArt, Tutzing
Korrektorat: Anke Höhne
Fotografie: Uli Glasemann; Stepfotos von den Autorinnen
Umschlaggestaltung: Nina Andritzky
Repro: Cromika
Herstellung: Stephanie Schlemmer
Printed in Slovenia by Florjancic

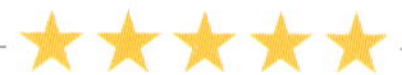

Sind Sie mit diesem Titel zufrieden? Dann würden wir uns über Ihre Weiterempfehlung freuen. Erzählen Sie es im Freundeskreis, berichten Sie Ihrem Buchhändler oder bewerten Sie beim Onlinekauf. Und wenn Sie Kritik, Korrekturen, Aktualisierungen haben, freuen wir uns über Ihre Nachricht an:
Christian Verlag, Postfach 40 02 09,
D-80702 München oder per E-Mail an
lektorat@verlagshaus.de.

Unser komplettes Programm finden Sie unter

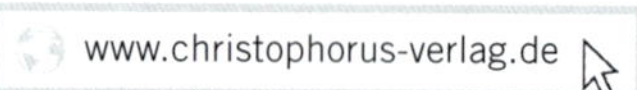

 Autorinnen und Verlag haben alle Angaben und Anleitungen mit größtmöglicher Sorgfalt zusammengestellt. Dennoch kann bei Fehlern keinerlei Haftung für direkte oder indirekte Folgen übernommen werden. Stoffe, Materialien und Modelle können von den jeweiligen Originalen abweichen. Die bildliche Darstellung ist unverbindlich. Sollte dieses Werk Links auf Webseiten Dritter enthalten, so machen wir uns die Inhalte nicht zu eigen und übernehmen für die Inhalte keine Haftung. In diesem Buch wird aus Gründen der besseren Lesbarkeit das generische Maskulinum verwendet. Weibliche und anderweitige Geschlechteridentitäten werden dabei ausdrücklich mitgemeint, soweit es für die Aussage erforderlich ist.

Bildnachweis:
Umschlagvorderseite: © Viva Decor GmbH

Hersteller- und Sponsorenverzeichnis:

- Wir danken der Firma Viva Decor GmbH für die großzügige Bereitstellung der Blob-Farben und Malmittel, mit denen außer den Windlichtern alle Modelle entstanden sind.
- Ein weiteres Dankeschön an die Firma Rayher Hobby GmbH, die uns freundlicherweise mit allen zu bemalenden Gegenständen und Untergründen versorgt hat.

Die Deutsche Nationalbibliothek verzeichnet diese Publikation in der Deutschen Nationalbibliografie; detaillierte bibliografische Daten sind im Internet über http://dnb.d-nb.de abrufbar.

Infanteriestraße 11a
80797 München

ISBN 978-3-86230-420-2

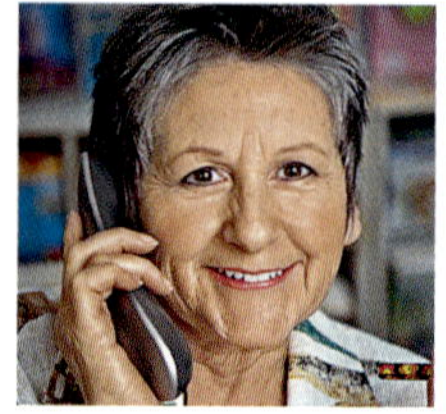

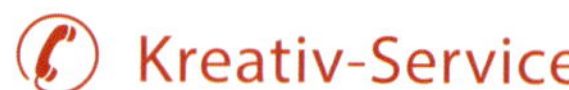

Kreativ-Service

Sie haben Fragen zu den Büchern und Materialien? Frau Erika Noll ist für Sie da und berät Sie rund um alle Kreativthemen. Rufen Sie an! Wir interessieren uns auch für Ihre eigenen Ideen und Anregungen. Sie erreichen Frau Noll per E-Mail: mail@kreativ-service.info oder Tel.: +49 (0) 50 52 / 91 18 58

Besuchen Sie uns im Internet: www.christophorus-verlag.de